首都经济贸易大学出版资助

金融深化与经济增长的非线性机制

王陆雅 著

首都经济贸易大学出版社
Capital University of Economics and Business Press
·北 京·

图书在版编目（CIP）数据

金融深化与经济增长的非线性机制/王陆雅著 . --北京：首都经济贸易大学出版社，2023. 1

ISBN 978-7-5638-3434-1

Ⅰ. ①金… Ⅱ. ①王… Ⅲ. ①金融事业—经济发展—研究—中国 Ⅳ. ①F832

中国版本图书馆 CIP 数据核字（2022）第 199787 号

金融深化与经济增长的非线性机制

JINRONG SHENHUA YU JINGJI ZENGZHANG DE FEIXIANXING JIZHI

王陆雅 著

责任编辑 王 猛

封面设计 风得信 · 阿东 FondesyDesign

出版发行 首都经济贸易大学出版社

地 址 北京市朝阳区红庙（邮编 100026）

电 话 （010）65976483 65065761 65071505（传真）

网 址 http://www.sjmcb.com

E- mail publish@cueb.edu.cn

经 销 全国新华书店

照 排 北京砚祥志远激光照排技术有限公司

印 刷 北京建宏印刷有限公司

成品尺寸 170 毫米×240 毫米 1/16

字 数 161 千字

印 张 9.25

版 次 2023 年 1 月第 1 版 2023 年 1 月第 1 次印刷

书 号 ISBN 978-7-5638-3434-1

定 价 42.00 元

图书印装若有质量问题，本社负责调换

前言 FOREWORD

改革开放以来，中国经济取得了举世瞩目的成就。在过去的40多年里，中国经济维持着稳定、高速的增长，持续高速的经济增长被誉为“中国经济奇迹”。与此同时，中国金融行业的发展也取得了长足的进步。金融发展对中国经济增长的贡献一直是学术界关心的问题。在此背景下，研究金融发展与经济发展之间的关系，对于引导金融行业健康、合理发展，促进经济结构转变具有重要的理论价值和实践意义。

本书主要内容包括以下四个部分：

第一部分是绪论和文献综述。首先从寻找经济增长动力、深化金融体制改革等角度，阐述了研究金融深化与经济增长关系的必要性。然后对金融发展与经济增长关系的相关文献进行梳理。虽然学术界对两者关系的讨论由来已久，但相关结论并不一致、甚至存在冲突，本书力求理清研究结论出现差异的根源。

第二部分是我国金融发展指标测度。主要包括两部分内容：一是对我国金融发展历程和主要金融市场发展状况进行梳理。二是对现有的金融发展指标相关文献进行综述，并从金融发展的角度，兼顾数据可得性，采用因子分析方法构造我国金融发展指标体系，并对我国金融发展水平进行测度。研究发现，在过去的20年间，我国金融发展综合指数处于稳定发展阶段，其中金融发展规模指数增幅较大，发展较快；金融发展效率指数和金融发展结构指数增幅较小。

第三部分是门限回归模型以及金融深化与经济增长的实证研究。本书系统整理了门限回归模型的统计推断理论，并提出了一套能够估计截距项也有门限效应的动态面板门限回归方法。通过双变量动态门限模型估计方法对我国金融发展与经济增长之间的关系进行验证并提出政策建议。

第四部分对全书进行总结归纳，并提出政策建议。

本书的创新之处是采用门限面板模型重新考察了金融深化对经济增长的作用，具有以下几个方面的特点：

首先，本书首次使用了双变量的动态面板模型进行分析。现有的文献大部分都使用静态门限面板模型研究金融发展和经济增长之间的关系，鲜有使用动态门限面板模型来研究金融发展和经济增长之间关系的。现有的很多文献都指出，金融发展和经济增长的关系存在金融发展水平、通货膨胀率两种门限效应。借鉴现有的研究成果，本书首次使用双变量的动态门限面板模型研究金融发展和经济增长的关系。本书使用的模型具有充分的一般性和灵活性，它使得现有文献使用的门限面板模型变成本书模型的特例。

其次，本书提出一种新的估计方法来估计动态门限面板模型。我们通过模拟实验的方法证实了本书提出方法的正确性。新的估计方法允许截距项也有门限效应。

最后，考虑到金融发展水平和经济增长之间可能存在双向因果关系以及门限变量、控制变量内生性的问题，本书选择了滞后期的值作为工具变量进行了回归。

我们的研究发现，在控制了投资率、政府规模、人力资本水平和劳动增长率的前提下，金融发展和经济增长的关系与通货膨胀水平和金融发展水平有着密切的关系。当通货膨胀水平处于较高状态且金融发展水平处于较低状态时，金融发展水平与经济增长之间是负的一阶关系；当通货膨胀水平和金融发展水平均处于较高状态时，金融发展水平与经济增长之间仍然是负相关的，且金融发展水平的消极影响更为明显；当通货膨胀水平处于较低状态且金融发展水平处于较高状态时，金融发展水平和经济增长是正的一阶关系；当通货膨胀水平和金融发展水平均处于较低状态时，金融发展对经济增长的作用并不明显。此外，投资率、人力资本水平和劳动增长率对经济增长的作用是正向的，而政府规模对经济增长的作用是负面的。

目录 CONTENTS

1 绪论

1.1 引言

改革开放以来，中国经济取得了举世瞩目的成就。在过去的 40 多年里，中国经济维持着稳定、高速的增长，每年的名义增长速度（未扣除通胀因素）达 6%以上，部分年份甚至达到了 20%。这一数值远高于同期世界经济 2.9%左右的年均增速，在全球主要经济体中名列前茅。持续高速的经济增长被世人誉为“中国经济奇迹”。

图 1-1 给出了以 1978 年为基期计算的 1978—2020 年中国实际国内生产总值（GDP）的数值。按照这一计算方式，在样本初期的 1978 年，我国的实际 GDP 为 3 679 亿元，但是到样本期末的 2020 年，我国的实际 GDP 为 147 069 亿元。在过去 40 多年间，我国的实际 GDP 增长了近 40 倍，年平均增长速度达到 9%，这一数值远高于同期其他经济体的增长速度。而在 1984 年、1992 年和 1997 年，我国实际 GDP 的增长速度更是超过了 14%。

与此同时，在过去的 40 多年间，中国金融业的发展也取得了长足的进步。1978 年我国金融机构的贷款余额是 1 890 亿元，到 2020 年，我国金融机构的贷款余额已经达到 1 727 452 亿元。40 多年间，我国金融机构的贷款余额增加了 900 多倍。

图 1-2 给出了以 1978 年为基期计算的 1978—2020 年中国银行业实际贷款余额值。以 1978 年的不变价格折算，我国在 2020 年的实际贷款余额为 75 576 亿元。40 多年间实际增长了近 40 倍，年平均增速达到 9.2%。

从图 1-1 和图 1-2 中的数据走势来看，两者之间高度相关。由此，一个人们很自然会联想到的问题是——金融行业的发展是否可以解释绝大部分的经济增长。为此，我们将上面两幅图的数据放在一起，如图 1-3 所示。

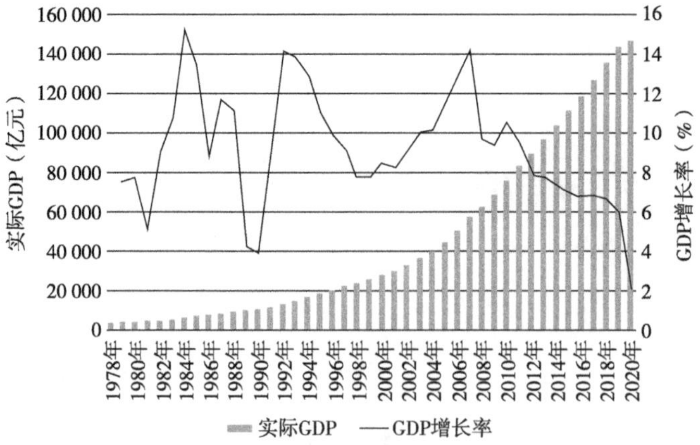

图 1-1　1978—2020 年中国实际 GDP 走势图

数据来源：国家统计局。

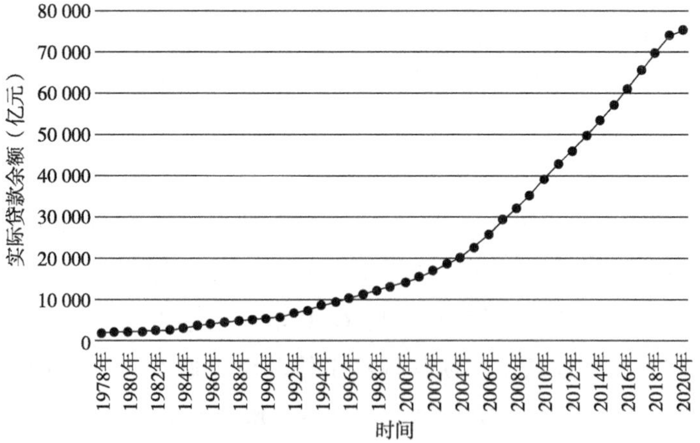

图 1-2　1978—2020 年中国银行业实际贷款余额走势图

数据来源：国家统计局。

从图 1-3 中可以看到，中国实际 GDP 的走势和实际贷款余额的走势高度一致，这一特征在 1992 年以前尤为明显。通过对实际 GDP 和实际贷款余额取对数，并作一个简单的一元线性回归，我们有

$$\ln GDP_t = 0.66 + \ln loan_t$$

上面回归的 R^2 是 0.99，调整后的 R^2 是 0.99。而常数项以及实际贷款余额的系数均是在 0.1%的显著性水平下拒绝其等于 0 的假设。初步分析的结果显示，金融行业的发展能够解释经济增长 99%以上的变异。

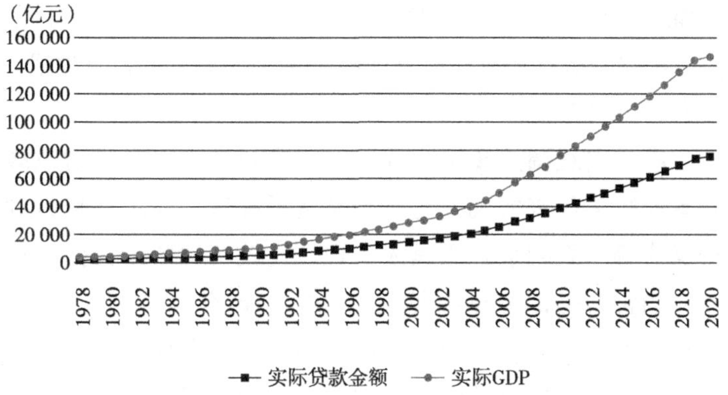

图 1-3 1978—2020 年中国实际 GDP 和实际贷款余额走势图

数据来源：国家统计局。

尽管上面的回归分析存在很多问题，比如，解释变量的内生性、解释变量的非平稳性、模型设定的线性性等，但是上面的分析至少在一定程度上说明在过去的 40 多年时间里，中国金融业的发展对中国的经济增长有着重要的影响。

本书的主要内容是定量地考察中国金融发展对中国经济增长的贡献。关于经济增长和金融发展之间的关系，国内外文献已经非常多，但是现有的文献并没有对这一问题提供令人信服的答案。之所以会产生这样的情况，一个很重要的原因是经济发展和金融发展之间的关系可能是非线性的，而且金融发展作为解释变量有着严重的内生性问题。为此，本书拟采用更为复杂的双变量动态门限面板模型，并应用工具变量法来估计两者之间的关系。关于本研究的更多细节，我们将在后文详细阐述。

中国经济经过改革开放 40 多年的发展，人均 GDP 到 2020 年底已经达到 10 484 美元，中国已经步入中等收入国家的行列。从世界其他国家的发展经验来看，当收入达到中等水平时，会面临“中等收入陷阱”。一些国家，如韩国、新加坡，成功地迈过了“中等收入陷阱”，成为新兴的工业化国家；还有一些国家，如阿根廷、智利，则始终没有迈过“中等收入陷阱”，经济长期处于停滞状态，甚至出现倒退。两种截然不同的发展结果警示着中国，有识之士开始研究如何让中国能够成功地迈过“中等收入陷阱”。

当前，中国经济形势错综复杂。一些传统的增长动力，如人口资源红利、自然资源红利等，已经释放殆尽。以依靠廉价劳动力和牺牲环境为代价的粗放式增长已经走到尽头。中国经济步入了技术驱动增长的新常态。随着经济结构的深度调整和经济发展方式的深刻转变，中国经济在今后一段时间里，下行压力非常大。严峻的经济形势对政府宏观经济调控提出了更高的挑战，要求宏观政策精准发力、切实有效。

目前，政府的宏观调控政策大致可以分为两类：一类是财政政策，通过审批项目和政府购买等来实现；另一类是货币政策，通过存贷款利率和央行的公开市场操作等一系列金融工具来实现。比较两类政策，由于项目审批及政府购买针对的常常是部分重要行业和部门，政府购买一旦投向这些行业，会导致相关行业发展过热，既影响经济的结构，也会导致资源配置的非效率性。此外，项目的审批以及政府购买需要一定的时间才能实现，政策效力发生作用有一定的时滞，等政策效力发挥出来的时候或许已经时过境迁。这些弊端导致国外的宏观政策调控很少使用财政政策，而更多地依赖货币政策。但是如果货币政策成为今后调控的主要形式，由于货币政策是通过金融系统来影响实体经济的，那就自然地引出了一个问题：金融系统和实体经济到底是一种什么样的关系？或者更具体地，金融发展水平是如何影响经济增长的？明确清晰地回答这个问题对当前的货币政策调控有着重要的现实意义。

改革开放以来，中国金融业不断开放，发展迅速。在金融规模不断增长的同时，金融行业在国家经济中的地位也不断提升。央行发布的《金融统计数据报告》显示，截至2022年1月末，我国的广义货币供应量（M2）余额为243.1万亿元。但需要注意的是，在我国金融总量不断扩张的同时，金融发展中一些深层次问题却没有得到有效的解决：一方面，银行业的规模不断扩张，部分大银行甚至在海外上市；另一方面，中小企业融资难的问题却十分突出。

我国在“十四五”规划纲要中，对金融体制改革目标作出了明确要求，即要深化金融供给侧结构性改革，健全具有高度适应性、竞争力、普惠性的现代金融体系，构建金融有效支持实体经济的体制机制。这说明我国未来金融发展的重点是从金融总量的扩张过渡到建立合理的金融结构上来。在此背景下，研究金融结构与经济发展之间的关系，对于引导金融行业的健康、合理发展，促进经济结构的转变都具有重要的理论价值和实践意义。

1.2 金融发展与金融深化的界定

经济发展并不等同于经济增长，同样，金融发展也不等同于金融增长。金融增长只是总量上的扩张，而金融发展不仅是金融规模和机构上的扩张，还包括金融效率的提高以及金融对经济发展贡献程度的提高。

如何量化金融发展，学术界有着广泛的讨论。戈德史密斯（Goldsmith，1969）在《金融结构与金融发展》一书中认为，金融发展并不能单单用规模指标来衡量，金融发展等同于金融结构的变化，金融发展是金融结构的演进过程。他用金融相关指标来衡量金融发展。但是，各国的经济制度存在差异，衡量金融发展的指标也不相同。此外，后期的研究发现，不同金融结构安排对经济发展并没有本质的区别。麦金农（McKinnon，1973）认为，金融发展就是金融深化，即金融和经济之间的相关程度用广义货币占 GDP 的比值来衡量，随着金融深化程度的升高，一国金融的资源配置效率也会升高，金融发展促进了经济增长。格利和肖（Gurley and Shaw，1960）把金融发展定义为各类金融资产规模的扩张和金融机构的增多，发展中国家主要表现为金融深化，发达国家主要表现为金融创新。

随着金融发展理论的发展，对金融发展的定义也越来越全面。张志文（2008）认为，金融发展是金融资产的规模扩大及其占 GDP 比率的升高，金融机构与金融市场效率的升高以及金融体系功能的提高，这是一个动态的过程。其主要内容包括：金融发展是规模和质量的统一提高；金融发展包括交易技术、交易机制、交易手段和交易规模的进步；金融发展对经济的渗透度；金融发展与经济发展的相适应程度；金融对实体经济的服务能力等；金融效率的提高，等等。徐璋勇（2018）认为，金融发展使金融规模扩大、金融结构优化、金融效率提升、金融稳健性增强以及金融功能得到充分发挥。

本书把金融发展定义为金融机构的扩张和金融资产规模的扩大，金融资源与金融结构质量的提高，金融体系的不断完善以及金融效率的提升。

金融深化论亦称“金融自由化理论”，是研究发展中国家金融与经济发展关系的一种理论。该理论认为，发展中国家要发挥金融对经济发展的促进作用，必须放弃它们所奉行的“金融压制”政策，推行“金融自由化”或金融深化。也就是说，政府当局应放弃对金融市场和金融体系的过分干预，放松对利率和汇率的控制，并有效地抑制通货膨胀，使金融和经济形成相互促进的良性循环。金融深化论的代表人物是美国当代经济学家麦金农、爱德华·肖、弗莱和西班牙经济学家加尔比斯。

1.3 本书的结构

本书共六章，结构如图 1-4 所示，主要通过门限模型对金融深化与经济增长进行实证研究。全书内容可分为四大部分。

第一部分是第 1 章绪论和第 2 章文献综述。绪论从寻找经济增长动力、深化金融体制改革等角度阐述了研究金融深化与经济增长关系的必要性。第 2 章是金融发展与经济增长关系相关文献的研究综述。学术界对两者关系的讨论由来已久，但结论不一甚至是存在着冲突，本书试图梳理出研究结论存在差异的根源。

第二部分是第 3 章我国金融发展指标测度，主要包括两部分内容：一是对我国金融发展历程和主要金融市场发展状况进行梳理。二是对现有的金融发展指标相关文献进行综述，并从金融发展的角度，兼顾数据可得性，采用因子分析方法构造我国金融发展指标体系，并对我国金融发展水平进行测度。

第三部分是第 4 章门限回归模型和第 5 章金融深化与经济增长的实证研究。第 4 章系统整理了门限回归模型的统计推断理论，并提出了一套能够估计截距项也有门限效应的动态面板门限回归方法。第 5 章通过双变量动态门限模型估计方法对我国金融发展与经济增长之间的关系进行验证并提出政策建议。

第四部分是第 6 章结论与建议，对全书进行总结归纳，并提出建议。

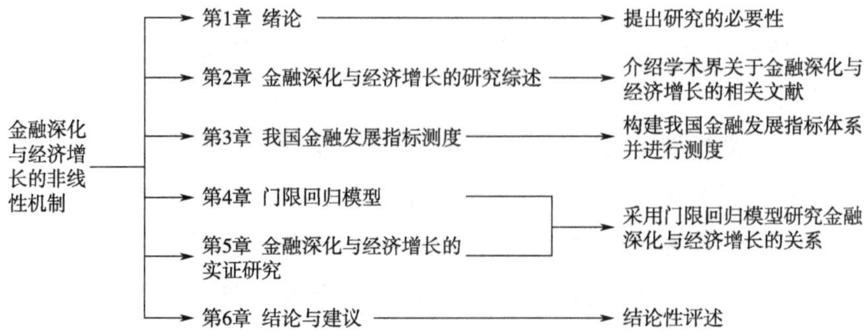

图 1-4 本书结构

2 金融深化与经济增长的研究综述

关于金融深化与经济增长的研究，主要起源于格利（Gurley，1955）、肖（Shaw，1967）以及戈德史密斯（Goldsmith，1969）的研究成果。此后，国内外学者对其展开了广泛的探讨，包括金融市场的功能、金融市场的深度、金融市场的结构安排等诸多方面。随着金融发展理论的逐渐成熟，越来越多的国内外学者开始采用数理模型来对不同国家和地区的数据进行实证研究。霍诺汉（Honohan，2004）认为，过去十年，金融发展与经济增长之间的关系研究已经成为宏观经济关系最重要的实证研究。

2.1 早期的金融发展理论

2.1.1 金融抑制论

格利和肖（Gurley and Shaw）在其发表的《金融理论中的货币》、《经济发展中的金融方面》和《金融结构与经济发展》三篇文章中对金融抑制理论进行了详细的阐述。金融抑制论是指由于政府采取扭曲利率、汇率等金融价格的金融政策，对金融市场和金融活动过度干预，抑制了金融体系的发展；金融体系发展的滞后又阻碍了一国经济的发展，最终造成金融抑制与经济落后的恶性循环。

该理论的主要内容是：第一，金融资产分为货币资产和非货币资产，融资分为直接融资与间接融资，金融结构分为银行类金融机构与非银行类金融机构，金融中介包括货币系统与非货币系统，并且在某种情况下可以相互替代。第二，金融发展和经济发展之间相互作用。经济发展是金融发展的前提，金融发展是经济发展的动力；金融发展促进经济发展，经济发展伴随着金融发展。

第三，金融创新是金融发展促进经济发展的主要途径。无论是分配技术方面的创新还是中间技术方面的创新，都能够扩大资金供应量，提高资金配置效率，提高储蓄水平和投资水平，促进经济增长率的提高。

2.1.2 金融结构论

学术界公认的对金融发展理论比较系统的研究始于戈德史密斯（Goldsmith，1969）的金融结构理论。在《金融结构与金融发展》一书中，他通过对数十个国家数百年金融资料的统计与分析，对金融发展与金融结构作了横向和纵向的比较，认为金融发展就是金融结构的演变，可以通过对一国的金融结构进行量化分析，来判断其金融发展水平与未来发展趋势。戈德史密斯（Goldsmith，1969）的金融结构理论主要包括三个方面：

第一，定义了金融发展并构建了金融结构指标体系。他认为金融发展就是金融结构的演变。他把金融结构定义为金融机构与金融工具的形式、性质及其相对规模；提出衡量金融结构的主要指标金融相关比率，即一国全部金融资产与一国国民财富的比值；提出金融结构化程度是金融机构发行的金融工具与非金融机构发行的金融工具的比值；提出金融资产构成比率是在各种金融工具中金融资产与金融负债的分布状况。在建立指标体系的基础上，他又通过对几十个国家跨越百年的数据进行统计分析，对相关国家的金融发展水平进行了描述。

第二，通过对金融结构的描述，发现各个国家的金融发展水平并不相同，他把金融结构分为三个水平，即低等层次的金融结构、中等层次的金融结构和高等层次的金融结构。总体来说，金融结构从低向高发展是一国金融发展的必经之路。

第三，研究了发展中国家的金融发展问题。通过分析发达国家金融发展水平与发展中国家金融发展水平的差异，指出金融发展对一国经济增长有一定的影响。

2.1.3 金融深化论

麦金农和肖（McKinnon and Shaw，1973）提出了金融深化理论，即通过金融自由化来促进欠发达国家经济的发展，其实质是放弃对金融的干预，使汇率和利率能够充分反映供求关系，从而有效地控制通货膨胀。金融深化理论引起了金融学领域和经济学领域的强烈反响，对发展中国家制定货币政策和进行金融改革产生了深远影响。

该理论认为，发展中国家是分割经济，其市场很不完全，商品的价格和资本的价格都被严重扭曲。在金融发展方面，发展中国家存在以下四个特殊性：货币化程度低；金融二元性，即有组织的金融结构和无组织的金融结构并存；金融市场不完善；政府对金融管制苛刻，政府规定存贷款利率的上下限，造成实际利率低于均衡利率，正当融资受到限制。传统的金融理论不能解释发展中国家金融市场的特殊性。

金融深化包括三个层次：金融增长，即金融规模的不断扩大，其衡量指标是广义货币/国民收入；金融工具的丰富和金融机构的优化；金融市场秩序的健全和金融市场机制的完善，在市场机制下金融资源能够优化配置。三个层次相互影响、相互作用。金融深化从以下四个方面促进了经济发展：投资效应、储蓄效应、收入分配效应和就业效应。

金融深化的核心是利率抑制问题。通过总结 20 世纪 70 年代发展中国家通过压制利率来促进经济增长失败的教训，发现发展中国家金融改革的正确途径是放松金融管制，通过实施金融自由化，均衡市场利率水平，提高投资率和储蓄率，达到促进经济发展的目的。通过实施金融自由化，市场机制可使实际利率水平趋于均衡利率水平，从而保证经济快速发展。该理论认为金融深化对经济增长有正向促进作用。

2.1.4 金融约束论

20 世纪 80 年代，许多发展中国家进行了金融自由化改革，但是其结果让人失望，引起了学术界的广泛讨论。斯蒂格利茨（Stiglitz，1995）在凯恩斯理论的基础上提出了金融约束理论。他认为，发展中国家形成金融抑制的原因在于，金融自由化是在实际经济条件下作出的内生性选择，如果不改变金融抑制因素，只改变金融政策，金融自由化难以奏效。

金融约束理论认为，落后经济的金融体系中存在道德风险和逆向选择问题，如果利率上升，则低风险项目会退出市场，此时投资者只能选择更高风险的项目，从而使得信贷市场出清受限，导致信贷配给难以均衡。政府对金融市场的监管应该实行间接监管模式，并依据一定的准则来确立监管范围标准。

政府应在通货膨胀率较低、宏观经济稳定的前提下，通过对贷款利率进行控制和对金融准入进行限制等金融约束手段，为金融部门与非金融部门获得融资创造机会，解决金融部门和非金融部门的信息不对称问题，进而推进经济增长和金融发展。因此，政府部门的选择性干预要动态调整，在金融深化不断推进的情况下，要逐步放松金融约束，进而达到经济的自由化。

2.1.5 小结

金融深化理论和金融抑制理论把利率价格纳入金融发展理论中，从资源配置的角度来衡量市场效率，认为金融市场也像其他市场一样，通过市场机制就能实现帕累托最优。但是它们没有深入探讨金融抑制的根源，也没有考虑金融抑制的内生性问题。

戈德史密斯（Goldsmith，1969）的金融结构理论开创了量化金融发展的先河，将金融发展从理论研究发展到实证研究，通过对历史数据横向和纵向的比较，得到金融发展的整体趋势，但是其研究还有以下两方面的不足：一是虽然论证了金融发展与经济增长的关系，但没有对两者的关系进行判断，对于究竟是金融发展影响经济发展，还是经济发展影响金融发展，没有统一的结论。二是鉴于数据的可得性，考察的样本比较少，没有系统性控制其他影响经济增长的因素，也没有考察金融发展是如何影响生产效率与资本积累的。

金融约束理论虽然在理论层面可以证明，但是现实中，政府如何处理金融抑制和金融约束的边界是一个极大的考验。

2.2 近期的金融发展理论

20 世纪 90 年代以后，学者们对金融发展理论的讨论集中在何种金融安排才有利于经济增长，其代表性观点主要有银行主导论、市场主导论、法律主导论和金融服务论等。随着研究的深入以及金融系统自身的复杂性与多样性，学术界认为金融发展与经济发展相适应才是根本。

2.2.1 银行主导论

银行主导论强调银行在甄别项目、动员资源、监督管理层等方面具有积极作用（Levine，1997、2000），该观点还强调银行主导的金融结构更有利于经济增长，主要表现在以下几个方面：

1）信息获取

戴蒙德（Diamond，1984）认为，银行把分散的储蓄集中起来进行投资，充当众多投资者的监管代表，能够避免重复监督，降低监管成本。

斯蒂格利茨（Stiglitz，1985）认为，有效市场能够迅速向广大的投资者披露信息，产生搭便车行为，这使得个人投资者无利可图，因此削弱了其进行公司调查的积极性，造成那些能够促进经济增长的创新型项目不能被识别。银行不披露其获得的任何私有信息，并且与公司形成长期合作关系，能够弥补有效市场造成的缺乏及对企业深入调查的不足（Boot，Greenbaum，and Thakor，1993）。拉詹和津加莱斯（Rajan and Zingales，1992）认为，相较于分散的市场，与公司有着紧密关系的强势银行能够通过对公司施压促使其偿还债务。此外，非上市企业面临的代理成本等信息不对称问题尤为严重，无法通过资本市场获得融资，金融中介对这些企业的发展极其重要（Biller and Sermann，2002）。

2）公司治理

艾伦和盖尔（Allen and Gale，1999）认为，虽然股东可以通过董事会来控制管理层，但是，由于内部人控制并且比外部人拥有更多的信息，董事会和管理层有可能通过共谋损害其他股东的利益。这种共谋降低了市场作为公司控制手段的效力，而银行主导型金融结构不存在上述缺陷。巴德（Bhide，1993）认为，在流动性市场上，投资者可以非常便利地卖掉股份，因此他没有监管经理人的欲望，市场流动性越高越不利于公司治理。

3）资金动员与分配

格申克龙（Gerashchenko，1962）认为，在经济发展早期，银行比市场更能有效促进融资，能够更好地促使企业偿还贷款和披露信息，能通过追求规模经济促进经济增长；在合同约束力比较弱的国家，只有银行强制偿还，外部投资者才有可能投资；国有银行能够克服市场缺陷，把国内储蓄引导到对国民经济具有战略意义的投资中去。布塔和塔科尔（Boot and Thakor，1997）认为，大多数国家在经济发展早期，银行系统能够忽略不同产业的风险结构和技术创新特征，给所有的产业提供融资，只有金融发展和经济发展达到一定的阶段，金融市场才能发挥作用。斯图兹（Stulz，2002）指出，银行会承诺随着项目的进展追加新的投资，因此它会对需要分阶段融资的创新项目提供外部资金支持。徐高和林毅夫（2007）指出，银行主导型金融结构的赞成者认为这种结构的金融体系更有利于提高资源配置效率和促进经济增长。

2.2.2 市场主导论

市场主导论认为，市场在鼓励创新、资源配置、风险管理及公司治理等方面具有积极作用，更有利于经济发展。该观点还强调了银行导向型金融结构的不足。市场主导型金融结构的优势主要体现在以下几个方面：

1）企业创新

银行主导型金融结构中，权利银行通过获得关于企业的内部信息来向其榨取租金，导致企业没有激励从事创新（Hellwig，1991）。由于银行偏好保守性投资，倾向于投资市场成熟、规模大、综合实力强的企业，从而造成银行主导型金融结构不利于企业的创新（Rajan，1992）。艾伦和盖尔（Allen and Gale，1999）认为，在市场体系中，投资者花费高昂的成本来收集信息，从而决定是否投资；而在金融体系中，银行作为代理人代为收集信息。因此，对于数据较为缺乏的新兴行业，由投资者自己决策的市场体系更有利于其发展；而对于成熟的行业，由银行代为决策的银行体系更有利于其发展。宾和帕克（Binh and Park，2005）通过对26个经济合作与发展组织（OECD）国家的数据进行实证研究，发现市场导向型金融结构更有利于高创新、高风险产业的发展，银行主导型金融结构更有利于传统的、低风险产业的发展。

2）配置效率

艾伦（Allen，1993）认为，国有银行对克服信息不对称不感兴趣，其主要兴趣是帮助政府实现其政治目标。按此说法，国有银行更倾向于对劳动密集型产业进行融资，达到提高就业率的目的，而对具有创新和研发特征的朝阳产业并无融资偏好。因此，市场导向型金融结构能够克服银行的不足，促进创新和研发型产业发展。莱文（Levine，1997）认为，运转良好的资本市场更倾向于对技术含量高、投资周期长的项目配置资源，这对促进资本积累、推动技术进步具有重要意义，长远来看，其资源配置效率更高。

邵平等（2008）发现，商业银行能够催化产业的作用主要取决于信贷市场结构，而银行集中度上升导致大银行获得更大的市场，但是大银行通常关注大企业，因此会不可避免地降低小企业的重要性。同时，由于银行集中度提升造成信贷供给减少，以及贷款利率提高给公司造成负面影响，从而给小企业及潜在进入者造成很大的影响。王艳芳（2019）发现，对于第一产业来说，金融发展通过物质资本与人力资本积累渠道显著影响经济增长，但对第二、三产业的促进作用并不明显。

3）风险管理

赫尔维格（Hellwig，1991）、温斯坦和亚菲（Weinstein and Yafeh，1998）、布塔和塔科尔（Boot and Thakor，2000）认为，银行只提供最基本的风险管理工具，但其对企业影响过大，会产生负面效应，不利于创新和经济增长，而市场能够提供更多的风险管理工具，达到降低、规避风险的效果。莱文（Levine，1991）认为，市场主导型金融结构有分散、管理风险的功能，投资者依靠构造投资组合的方式分散风险，并通过在二级市场上交易，降低流动性风险。艾伦和桑托内罗（Allen and Santo Nero，2000）认为金融市场能够为投资者提供横向的风险分担。

4）信息不对称、公司治理

在市场导向型金融结构中，公司可以通过把企业的经营业绩与管理层薪酬挂钩达到有效约束企业管理层的目标，因此市场导向型比银行导向型更有利于改进公司治理结构（Jensen and Murphy，1990）。霍姆斯特伦和蒂罗尔（Holmstrom and Tirole，1993）认为，在流动性市场中，投资者可以凭借信息优势获利，因此投资者有更强的激励去获取企业信息，从而起到监督、约束企业的作用。而实力强大的银行如果在经营活动中没有受到限制，就有可能与经理层同谋来损害其他债权人的利益，妨碍公司治理有效进行（Hellwig，1998；Wenger and Kassirer，1998）。此外，艾伦和盖尔（Allen and Gale，1999）认为，竞争性的资本市场更有利于收集和传递信息。

2.2.3　法律主导论

法律主导论思想认为，一个国家的法律体系决定了这个国家的金融结构安排，运转良好的法律制度有助于金融发展，能够促进经济增长，因此，法律系统比金融结构更重要。

拉波尔塔、洛佩兹、施莱弗和维什尼（La Porta，Lopez - de - Silanes，Shleifer and Vishny，1997、1998、1999、2000）认为，国家法律决定金融体系的有效性，影响政府与投资者之间的权利分配，决定金融结构的形成。他们将49个国家依据法律起源的不同分为四个主要法律体系（即英国普通法、法国民法、德国民法和斯堪的纳维亚法），与金融结构进行相关性研究，发现产权保护完善、合约执行高效的国家，股票市场更加发达，企业更倾向于在资本市场上融资；反之，其资本市场规模较小，银行体系较发达。另外，不同法律起源国家的股东与债权人之间存在很大的利益差异，普通法系（如英国和美国）主要强调股东的利益，而德国法系（如日本和德国）更关心利益相关者的利益。昆塔和莱文（Kunt and Levine，1999）控制人均收入变量考察法律、管制、税收及宏观经济与金融结构之间的关系，发现在控制了收入以后，具有普通法传统、会计准则良好、对股东保护较强、腐败程度低、无外部存款保险的国家仍倾向于市场导向型金融结构；具有法国民法传统、会计准则差、对股东和债权人保护不力、通货膨胀高以及严格限制银行业的国家，仍更倾向于银行主导型金融结构。塔德塞（Tadesse，2001）分析了 36 个国家的行业数据，发现法律体系不健全的国家、间接融资体制国家的企业业绩比直接融资国家的企业业绩更优，最优金融结构应该与法律环境相适应。

莫内和昆廷（Monnet and Quintin，2006）认为，德国法律限制了金融市场的发展，因此主要靠银行融资；美国法律限制了银行的发展，因此依赖市场融资。马君潞等（2013）通过对我国上市公司的数据进行研究，认为不同地区银行的代理成本与客户争夺效应的强弱不同，在法律制度较好的地区，其代理成本越低，金融整体的效率越高。

但是，艾伦（Allen，2002）对中国的法律环境与经济增长之间的关系进行研究后发现，正规企业（指国企和上市公司）的法律环境比较完善，非正规企业（其他企业）的法律环境不完善，主要依赖人际关系等因素维系，但非正规企业具有更快的增长速度，因此，法律制度对经济增长没有解释力。

2.2.4 金融服务论

金融服务论强调金融系统整体提供的金融服务对经济增长很重要，而金融结构对经济发展没有实质上的影响。默顿（Merton，1995）认为，金融结构是变化的，但金融功能是相对稳定的。在特定时点，金融市场和金融中介是相互竞争、相互替代的，二者具有很强的互补性，通过共同演化发展，提高金融体系的整体功能。白钦先（2005）以金融的本质为出发点，把金融体系概括为三个层次：第一层为核心金融资源，主要指货币与货币型资金；第二层为中间金融资源，主要指金融工具和金融组织；第三层为高层金融资源，主要指金融制度与金融政策等。金融功能取决于这三个层次的效率。

莱文（Levine，1997）认为，争论银行主导型金融结构与市场主导型金融结构的优劣没有意义，他通过实证研究发现，拥有活跃的股票市场和发达的银行系统的国家增长速度更快，金融系统所提供的服务质量尤为重要，而金融结构安排可以忽略。金融服务论的核心是金融发展的总体水平能够影响经济增长，强调市场、中介、合约能够弥补市场的不完善，并能够补充金融服务。博伊德和史密斯（Boyd and Smith，1998）认为，不同的金融结构对经济增长的作用不同，关键不在于是哪种金融结构更优，而在于创造一个整体的金融服务体系，其中金融市场与金融中介很多时候能够互为依赖和补充，从而促进经济发展。

莱文（Levine，2005）从信息经济学角度考察金融市场与金融中介解决信息不对称问题的功能，把金融功能归纳为套期保值、便利交易、分配资源、分散风险、储蓄动员、监督经理人和服务交易等。李健和范祚军（2012）借助计量研究模型对区域经济进行研究，发现市场主导型金融结构与银行主导型金融结构之间存在交叉耦合效应，认为两种金融结构能够相互渗透，两者相互合作能够促进经济发展。

因此，金融服务论把金融体系作为一个整体进行，不再局限于何种金融结构安排更优的思路，其考察更为全面，视角更为开阔，金融结构研究发展到了一个新阶段。

2.2.5 小结

关于哪种金融安排最有利于经济发展，学术界并没有达成一致。林毅夫（2009）提出的最优金融结构理论认为，如果经济处在较低水平，劳动密集型产业存在比较优势，该产业企业的资金需求较少，风险较容易控制，中小银行融资更具有比较优势；如果经济水平较高，技术密集型产业和资金密集型产业具有比较优势，该产业中企业的资金需要大，风险较不容易控制，大型银行和资本市场融资更具有比较优势，因此，要从产业角度来考虑金融安排。张成思（2015）认为，最优的金融结构不是单纯取决于经济发展阶段，而是内生于其要素禀赋结构，即不存在“银行主导型”和“市场主导型”之争。易信（2018）认为，加快金融体系发展有助于产业结构转型，并存在与产业结构相匹配的最优金融结构，他指出我国目前的市场主导型金融结构已接近效率拐点，因而中长期的金融发展政策应以提升金融效率为主，调整金融结构为辅。

以上研究各有所长，但存在以下两方面缺陷：第一，盲目区分银行主导型观点和市场主导型观点的两分法观念，忽视了金融结构的变迁。这两种观念认为，金融安排是一成不变的，而其实一国的金融机构是在不断改变的。此外，两分法主要强调金融结构影响经济发展，而忽视了经济发展对金融发展的影响。第二，法律主导论和金融服务论的研究从新制度经济学方向对金融发展进行研究，通过从制度层面研究金融发展对经济增长的影响，在历史渊源与制度演化方面取得了显著进展。但是，法律起源是一种常量，它影响金融发展的同时也影响着经济发展，因此很难界定金融发展的作用。

2.3 金融发展与经济增长研究

对于金融发展与经济增长之间的关系，帕特里克（Patrick，1966）认为存在需求跟进型和供给主导型两种模式，需求跟进型（金融深化发展模式）强调经济发展引致融资需求，融资需求衍生金融服务体系并提供相应的金融供给，金融发展是经济发展的结果；供给主导型（金融经济发展模式）是指金融服务的供给先于需求，金融发展处于主动和先行的地位，金融发展推动实体经济发展。

2.3.1 金融发展与经济增长的关系研究

金融发展与经济增长究竟存在什么样的关系？金和莱文（King and Levine，1993）在戈德史密斯已有工作的基础上通过对80个国家1960—1989年的数据进行分析来考察金融结构与经济增长之间的关系，发现金融发展对经济增长有显著的促进作用。此后，关于金融发展与经济增长关系的实证研究纷纷涌现，由于采取的方法和研究指标、范围等存在差异，主要存在以下几种观点。

1）金融发展促进经济增长

鲁索和瓦克特尔（Rousseau and Wachtel，1998）采用向量误差修正模型因果检验和格兰杰因果检验，对五个国家的金融发展与经济增长的关系进行研究，发现金融发展能显著促进经济增长，而经济增长对金融发展没有显著影响。贝克和莱文（Beck and Levine，2000）采用面板GMM方法，通过控制了可能存在的固定效益偏差和联立性偏差，利用77个国家1960—1995年的数据考察金融发展与经济增长的关系，发现金融发展对经济增长有显著的正效应，金融发展对长期经济增长的贡献在于提高全要素生产率，而不是资本存量。贝克和莱文（Beck and Levine，2003）采用面板数据检验方法，检验了银行、股票市场发展与经济增长的关系，发现金融发展是经济增长最重要的因素。克里斯托普洛斯和乔纳斯（Christopoulos and Tsionas，2004）采用面板单位根检验和协整检验，考察了 10 个发展中国家 30 年的金融发展与经济增长之间的关系，发现金融发展与经济增长之间存在长期因果关系，但二者不存在双向因果关系。

曹旭华和袁云峰（2007）采用金融边界模型，分析了中国金融发展与经济增长之间的关系，发现金融发展能够促进资本积累，却不能促进技术效率的全面提升。

孙立军（2008）对中国 28 个省份面板数据进行研究后发现，我国金融发展可以在吸引外商投资、向外企提供金融服务方面促进经济显著的增长。齐俊妍（2011）发现，金融发展能够解决逆向选择问题，从而促进一国生产高技术含量的产品；能够提升一国出口产品的复杂程度，进而促进经济增长。王宇鹏（2015）通过对 214 个国家宏观数据的研究，发现金融发展将抑制宏观经济波动，金融发展程度越高，越有助于稳定宏观经济。易信（2015）发现，金融发展能通过技术创新的“水平效应”与“结构效应”，加速产业结构转型与促进经济增长。唐松（2019）以金融科技创新为切入点，考察其能否通过直接效应和空间溢出效应提升全要素生产率，发现金融科技创新能有效提高周边地区全要素生产率。

2）金融发展抑制经济增长

帕加诺（Pagano，1993）和毛罗（Mauro，1995）认为，引进允许个人避险的金融工具很可能使得预防性储蓄减少，阻碍长期经济增长。卢卡斯（Lucas，1998）认为，金融发展可能引致经济波动，进而降低风险厌恶型投资者的投资兴趣，造成经济增长中断，产出减少。阿雷斯蒂斯（Arestis，2001）认为，由于股票市场的多变性，有可能引致实体经济的不确定性，削弱经济增长。哈里斯、戴得和法图（Harris，Deidda and Fattouh，2002）认为，在经济发展水平较低时，金融发展和经济增长之间的相关性较弱，甚至有可能负相关。伊萨尔（Isard，2005）发现，在所有受经济危机影响的国家中，其前危机时代都加速了金融自由化进程，导致金融部门易受攻击而蒙受损失，金融发展对经济增长的作用可能被夸大了。黄旭平和杨新松（2005）对亚洲地区的面板数据进行研究，发现银行发展水平的提高不仅不会促进经济增长，而且会由于银行资金配置失效而阻碍经济的增长。张成思（2015）指出，金融发展与经济增长显著负相关。可能是因为中国长期以来都是银行主导型的金融体系，金融服务效率较低，金融服务与经济发展的需求不匹配，导致金融发展对经济增长呈现抑制效应。王爱萍（2021）通过构建数理模型分析金融和实体经济部门之间的关系，研究发现当金融过度膨胀时，会抑制经济增长。

3）经济增长促进金融发展

阿雷斯蒂斯（Arestis，2001）采用 VAR 模型分别对银行主导型和市场主导型金融结构进行研究，发现银行主导型国家的金融发展显著促进经济增长，而市场主导型国家的经济增长微弱地影响金融发展。安和麦基宾（Ang and McKibbin，2007）运用马来西亚 1960—2000 年的数据，发现经济增长能带来金融发展，但金融发展却不能带来经济增长。

傅蕴英、陈邦强和张宗益（2007）建立了 1978—2005 年我国金融市场化数据库，研究了金融发展与经济增长之间的关系，认为短期内金融市场化不能促进我国经济增长，但是，经济增长会促进金融发展。陈怡（2009）对 1993—2007 年我国的股票市场发展与经济增长之间的关系进行研究，发现宏观经济发展对证券市场有促进作用，而证券市场对经济增长的作用并不显著。

4）金融发展与经济增长呈双向因果关系

世界银行研究报告小组（2001）认为，金融发展具有长期的增长效应，且绝大部分理论推导和实证研究也发现金融发展与经济增长之间存在正的一阶关系，金融发展与经济增长之间相互作用，经济发展程度的提高会刺激金融服务的需要，引致金融发展，因此，金融发展与经济增长呈双向因果关系。

孙刚和王志强（2007）使用格兰杰因果检验和误差修正模型，从中国金融发展的总体规模、结构调整与效率变化方面，研究金融发展与经济增长的关系，发现从 20 世纪 90 年代开始，二者有显著双向因果关系。苏李、臧日宏（2010）从新地理经济学的角度出发，对金融发展与经济增长的关系进行实证研究，发现金融发展与经济增长之间相互促进。

5）金融发展与经济增长的关系不确定

荣格（Jung，1986）通过格兰杰因果检验法考察了 56 个国家金融发展与经济增长的关系，发现欠发达国家很可能是供给导向型，而发达国家金融发展与经济增长之间的关系不确定。该结论一定程度上与帕特里克（Patrick，1966）一致。徐（Xu，2000）利用VAR模型检验金融发展对经济增长的影响，发现在41个发展中国家中有27个国家的金融发展对经济增长存在正向促进作用，而在其余14个位于非洲的低收入或中低收入国家存在负影响。阿尔塔马姆（Al-Tammam，2005）采用格兰杰因果检验方法验证海湾三国的金融发展与经济增长之间的关系，发现金融发展与经济增长的因果关系在三个国家是不同的，与各国的国情有关。

戴得（Deidda，2006）发现，金融发展与经济增长之间的关系是模糊的。贝克、伦德伯格和马伊诺尼（Beck，Lundberg and Majnoni，2006）运用面板数据模型对63个国家1960—1967年的数据进行检验，发现金融发展对经济增长不存在显著影响。纳克和加佐阿尼（Naccur and Ghazouani，2006）对中东11国最近20年的面板数据进行计量分析，发现金融发展与经济增长之间不存在显著关系。贾俊生（2017）研究发现，不同的金融发展指标对企业创新以及经济增长的作用不同。信贷市场可得显著促进了企业创新，而资本市场融资功能的不完善限制了其作用发挥。

2.3.2　制约金融发展、促进经济增长的因素研究

1）通货膨胀

鲁索和瓦克特尔（Rousseau and Wachtel，2002）通过对84个国家35年间的数据进行面板模型回归，考察通货膨胀率对金融发展与经济增长之间关系的影响，发现二者存在通货膨胀门限效应，当通货膨胀超过13%~15%的门限值时，金融发展不再促进经济增长。李和黄（Lee and Wong，2005）利用门限回归模型，分别对中国台湾地区和日本的金融发展与经济增长之间的关系进行检验，发现金融发展与经济增长存在一个门限阈值，当通货膨胀水平低于这个阈值时，金融发展对经济增长有显著正向影响，高于这个阈值时，金融发展对经济增长有负向影响，但并不显著。

黄（Huang，2010）采用59个国家1960—1995年的数据，把通货膨胀率作为门限变量进行研究，考察金融发展与经济增长之间的关系。他发现金融发展与经济增长之间存在非线性通货膨胀门限效应，其通货膨胀率门限值与条件信息集有关：在充分条件信息集下，门限值为7.69%；在政策条件信息集下，门限值为7.31%。

孔东民（2007）使用门槛回归模型，把通货膨胀作为外生的门槛变量，分析金融发展和经济增长的关系，认为金融发展并不能显著促进经济增长，但是，金融发展与经济增长之间存在通货膨胀的门槛效应：如果通货膨胀高于3.9%，则金融发展对经济增长具有显著的影响，而如果低于门槛值，则金融发展对经济增长没有显著的影响。黄志淋、董志勇（2013）采用动态面板数据门限模型，以通货膨胀率为门限变量，考察了金融发展与经济增长之间的关系，发现二者存在门限值为5.05%的非线性通货膨胀率门限效应：当通货膨胀率低于门限值时，金融发展对经济增长有正的影响；高于门限值时，金融发展对经济增长有负的影响。

2）对外开放

兰詹和津格尔斯（Ranjan and Zingales，1998）提出了金融比较学说，他们创造性地把金融体系视作“软”要素禀赋，认为不同国家由于金融发展水平不同而形成了比较优势，比较优势影响对外贸易，进而影响一国的经济增长。2003年，他们进一步发现，如果一国是市场主导型金融结构，则该国的技术密集型产业具有比较优势且发展较快。他们还指出，一国可以通过对外开放尤其是金融开放，引进外来竞争，削弱利益集团，迫使其进行改革，进而促进经济发展。斯瓦莱里德和弗拉霍斯（Svaleryd and Vlachos，2005）把金融体系视为一种生产要素，认为金融市场信息不对称程度造成了各国金融部门禀赋的不同，通过对OECD国家进行研究发现，OECD国家金融发展水平的差异对专业化模式的影响超过了人力资本，金融发展对净贸易存在正面影响。戈罗德尼琴科和施尼策（Gorodnichenko and Schnitzer，2010）认为金融发展水平较高的国家在服务业上存在比较优势，因此，一国可以通过加快金融发展来创造新的比较优势，进而促进经济发展。克莱因（Klein，2005）、钦（Chinn，2006）也指出，一国开放资本账户对其经济增长的影响主要取决于其制度的好坏，制度越好的国家从资本账户开放中得到的好处也越多。克莱因（Klein，2008）还认为，只有制度良好的情况下开放资本账户，才可以避免金融危机。梁莉（2005）认为，贸易开放会促进股票市场等金融中介规模的发展，并且有助于分散股票市场的风险，从而促进金融整体发展。张成思、朱越腾、芦哲（2013）从金融开放和贸易开放两个方面来度量对外开放程度，发现由于我国金融开放和贸易开放不协调，金融结构与贸易结构不匹配，使得对外开放抑制了金融发展。朱洁西（2022）发现，新兴经济体对外直接投资逆向技术溢出对产业结构的影响存在金融发展的双门槛特征。

3）收入分配

里奥和瓦列夫（Rioja and Valev，2004）认为，人均收入水平影响金融发展对经济增长的作用，在金融发展水平较低的国家，金融发展对经济增长的影响是不确定的；金融发展水平中等的国家，金融发展对经济增长具有显著的正向促进作用；金融发展水平较高的国家，金融发展对经济增长有微弱的促进作用。佩罗蒂和萨登（Perotti and Thadden，2006）发现，财富过于集中不利于金融稳定和金融市场化，而财富分散化能够使分散的投资者占主导地位，金融发展能够很好地促进经济增长。罗和西格尔（Roe and Siegel，2011）认为，如果一国收入分配严重不均，进而导致政局不稳定，则个人投资者的利益保护受到威胁，影响一国的金融发展，进而影响经济增长。邵汉华（2018）的研究表明，只有当地区发展水平跨越了一定门槛值之后，金融结构市场导向的增强才能显著促进经济增长，并且地区经济发展水平与市场化水平越高，法治环境越完善，金融结构市场导向的经济增长效应越显著。杜佳毅（2021）以人均收入为门槛变量，发现金融发展与经济增长之间存在地区收入水平的双重门槛效应：当地区收入水平跨越第一门槛值前后时，金融发展均在不同程度上抑制了地区经济增长；当地区收入水平跨越第二门槛值后，金融发展才开始显著地促进地区经济增长。

4）产权制度

昆塔和莱文（Kunt and Levine，1998）认为，一个国家的产权制度越严格，其金融体系的运行状况越好，金融体系向企业进行融资的速度越快。莫克（Morck，2000）认为，法律对产权保护程度的不同是解释各国股票市场同步差异的主要原因，由于产权制度不发达的国家和地区，其国内股票价格往往表现为趋同，很难获得与单支股票价格相关的信息，影响股票市场的资源配置效率。洛和朗西耶（Loayza and Ranciere，2006）对75个国家40年的数据进行实证分析发现，如果没有合理的产权制度，那么金融对经济可能会产生不利影响，只有在具备合理的产权制度的条件下，金融发展才能对经济增长有促进作用。瞿和魏（Ju and Wei，2010）发现，即使金融体系不健全且经济欠发达的国家，如果能建立一个良好的产权制度，也能从资本账户的开放和经济全球化进程中获利。一国的产权保护越严格，它从开放资本账户中获得的好处越大。

5）政治制度

特雷塞尔和德特拉盖耶（Tressel and Detragiache，2008）认为，如果存在强大的既得利益集团，那么商业银行更倾向于将稀缺的贷款发放给利益集团，而不是贷给最有效率的投资项目，因此，金融发展对经济增长很难起到理想的促进作用。沈和李（Shen and Lee，2006）分析了48个国家的相关数据并得出结论，一国的腐败程度越高，则其金融发展对经济增长的负面效应越大。

于文超（2013）通过对中国民营上市公司2004—2009年的数据进行研究，分析企业进行投资者保护和资源配置效率之间的关系，认为良好的投资者保护会提高公司的投资效率，从而降低融资约束。

2.3.3 小结

综上所述，可以看到学术界对于金融发展和经济增长之间的关系存在不一致甚至相冲突的观点。我们认为这种局面的形成很大程度上源于金融发展和经济增长的复杂关系以及现有计量方法的局限性。

现有的文献用于实证金融发展和经济增长关系的计量方法包括：协整与误差修正模型、向量自回归模型、面板数据模型、门限回归和面板门限回归模型等。从已有的相关文献来看，金融发展和经济增长的关系非常复杂。一定程度上讲，很难分清金融发展和经济发展孰为因、孰为果，这种双向因果关系使得现有的文献都存在内生性问题。虽然已有文献认识到了这点，使用了工具变量，但是理论上讲，由于经济增长涵盖的内容非常广泛，要找到令人信服的工具变量并不是件容易的事情。另外，部分文献使用的计量模型用于金融发展和经济增长的研究时，还需要作更为细致的分析。以常用的门限回归模型为例，一些文献中是以通货膨胀为指标变量来划分经济区制的，以此来论证金融发展和经济增长存在通货膨胀的门限效应。但是有理论和经验证据表明，金融发展是否会正向促进经济增长，除了与宏观经济形势有关外，还与经济发展水平、产权制度等因素有关。这样狭隘地引入一个指标来区分经济区制，得到的经验结果是否客观是值得怀疑的。另外，使用门限回归模型是否合适也是一个值得商榷的问题。一般来说，门限模型用来刻画经济中的多均衡状态，而关于金融发展和经济增长之间是否具有多均衡状态，在经济理论上尚没有进行过论证。黄志淋（2013）指出，通货膨胀在7%以下，金融发展促进经济增长；通货膨胀在7%以上，则金融发展抑制经济增长。从经济直觉来看，除开经济崩盘这种极少的情形，经济系统绝大部分时间处于一种平滑转移状态，因此通货膨胀在7%上下对应着两种不同的经济状态，很难和现实的经验事实相吻合。

3 我国金融发展指标测度

3.1 金融发展指标体系文献综述

3.1.1 指标体系演进

1）金融相关比率

戈德史密斯（Goldsmith，1969）在《金融结构与金融发展》一书中首次提出了金融相关比率指标，用来衡量一国金融结构与金融发展水平，它是一国某一时期社会金融活动总量 F_t 与经济活动总量 W_t 的比值，其表达式为：

$$FIR = F_t / W_t$$

但是，由于原始的计算公式过于繁琐，为了得到更加精确的结果，人们通常采用金融资产总值 FI 代替金融活动总量指标，用国民生产总值 GDP 代替经济活动总量。其表达式为：

$$FIR = FI / GDP$$

其中，金融工具包括股权和债券，债券包括对国外的债权、对国内金融部门的债权以及对国内非金融部门的债权。通过实证研究，戈德史密斯将金融相关比率划分为三个层次，金融相关比率较低时（$1/5 < FIR < 1/2$），金融机构比重较低，商业银行占有主要地位，金融发展程度较低。金融相关比率居中时，商业银行与股份公司并存。金融相关比率较高时（$1/2 < FIR < 1$），股权对债券地位升高，金融中介的份额提高，表现为金融机构多样化，金融发展程度较高。

除金融相关比率外，戈德史密斯还提出了其他衡量金融发展程度的指标，例如，金融工具总额在各组成部分中的分布，特别是在长期、短期债券以及股票中的分布；金融机构与非金融机构的发行额之比，用来反映金融过程中的机构化程度；所有金融机构与非金融机构发行的未清偿金融工具的份额，更详细地反映了金融过程中的机构化程度；金融中介机构相对规模，主要包括商业银行、中央银行、保险机构以及储蓄机构的相对规模；分层比率，反映各类金融结构的相关程度；主要非金融部门外部融资和内部融资的相对规模；各种金融工具在外部融资中的比重等。在拥有的统计资料有限的情况下，能够得到的指标通常主要有：金融新发行比率、金融部门发行比率、非金融部门发行比率、直接融资比率、间接融资比率等。

金融相关比率的提出使金融结构和金融发展研究达到了一个新的境界，金融相关比率也成为衡量一国金融货币化程度的重要指标，后续的许多学者在其基础上进行改造和演化，提出了更适合金融发展的新指标。

2）金融深化指标

麦金农（McKinnon，1973）提出的金融抑制理论认为，一国的货币化程度过低、金融市场不够完善等金融抑制是造成市场资源配置低效扭曲的直接原因。他提出了金融深化指标，即M2/GDP，用来衡量一国的金融发展深度以及金融体系金融资产的配置能力，其中，M2是金融资产总值的重要组成部分。由于金融深化指标是在戈德史密斯研究的基础上提出来的，是金融相关比率的衍生。

但是，金融相关比率和金融深化指标在衡量我国金融发展现状时都有缺陷，它们并不能如实充分地反映中国的资产证券化和虚拟化程度，从而夸大了我国金融发展的水平和质量。

3）金和莱文的指标体系

20世纪90年代，对金融发展与经济增长的研究出现了一个新的高潮，莱文等人在戈德史密斯（Goldsmith，1969）和麦金农（McKinnon，1973）的基础上，分别从金融规模、金融效率和金融结构等方面构建了跨国金融发展指标，其中最具有代表性的是非货币金融深度指标、私人部门信贷比率指标等。相对于早期的指标，这些指标体系更能够反映金融体系的发展状况，为后期的理论研究和实践研究提供了依据。

非货币金融深度指标，即准流动性负债与国民收入GDP的比值，其表达式为（M3-M1）/GDP。由于M1是具有高流动性的金融负债，它与金融效率的关联性没有长期投资紧密，而准流动性指标能够消除金融总资产中的货币成分，从而更加准确地度量金融中介的总体规模。

私人部门信贷比率指标，即提供给非金融私人部门的信贷与 GDP 的比值，用来衡量金融发展的效率水平。由于行政干预会使得国有部门更容易获得金融资产配置，从而扭曲金融资产的配置，降低金融资产的配置效率，因此，在筛选投资项目、评估管理者、汇集风险以及提供金融服务时，把信贷提供给私人企业、私人部门的金融中介体比把资金提供给国有企业、公共部门的金融中介体更有效率。金和莱文把分配给私人部门的金融信贷与非私人部门的信贷加以区分，用私人部门信贷比率指标来衡量非金融私人部门在国内信贷总量中的比例，指标越高，表明金融部门的资源配置效率越高。

非私人部门信贷比率，即非金融私人部门信贷比总信贷。其中，总信贷扣除了提供给商业银行的信贷，它与私人信贷比率共同反映金融资产的配置状况。

金融深度指标用来衡量一国金融中介的流动性负债占 GDP 的比重，其中流动性负债可以用广义货币供应量 M3 或 M2 来衡量。

反映金融机构相对地位的指标主要包括三个：中央银行的国内资产占 GDP 的比重，存款货币银行的国内资产占 GDP 的比重，存款货币银行的国内资产占中央银行的国内资产加存款货币银行的国内资产的比值。这些指标能够反映在信贷配置过程中，商业银行相对于中央银行的重要性，商业银行在分散风险、加强流动性管理以及信息处理中具有优势。通常情况下，经济增长越快，前者的比率越低，后两者的比率越高。

20 世纪初，莱文在前期实证研究的基础上又提出了一系列衡量金融总体发展水平和结构水平的指标。金融总体发展水平指标主要有金融活动、金融规模、金融效率、金融虚拟等。金融活动是用来衡量金融中介和市场总体活动的指标，即金融活跃度指标，其表达式为私人部门贷款总值/GDP 和股票交易总值/GDP 乘积的对数。其中，私人信贷包括银行和非银行金融部门，是金融中介最全面的活动指标，市场总体活动是股票总体交易的活动，是对股票市场流动性的度量。金融规模，用来度量金融部门的总体规模，是私人信贷额和股票市场总值之和的对数。其中，股票市值总值为股票价值/GDP，虽然市值并不能很好地衡量经济效益，但是能够衡量股票市场相对于整个市场的规模。金融效率，用来衡量金融中介与市场的效率，是金融交易价值与管理成本的比值，即银行系统成本与银行系统资产的比值。金融效率指标越高，表示银行系统管理成本过高，即银行系统无效率，是银行系统效率的一个负面指标。金融虚拟，与具有欠发达的金融中介和金融市场的国家和地区有关，如果私人信贷和股票交易市值均小于样本的平均值，则为0，否则等于1。

金融结构指标主要包括结构规模指标、结构活跃性指标、结构总量指标、结构管制变量和结构虚拟变量。结构规模指标，即银行体系和股票市场的相对规模；结构活跃性指标，即银行体系和股票市场的相对活跃度；结构总量指标，即前两者的综合水平；结构管制变量，即国家对商业银行活动的管制程度；结构虚拟变量，即用来衡量一国的金融系统是市场导向性还是银行导向性，指标值高于平均水平为市场导向型，否则为银行导向型。可见，一国被划分为何种类型，主要依赖于样本的整体水平。

早期的研究主要集中在银行等金融中介上，主要考察金融中介的资产规模，随着资本市场的不断发展，股票市场和债券市场在金融资产配置中的作用越来越重要。莱文（Levine，1998）首次将股票市场的发展程度纳入金融发展的指标体系，提出了股票规模指标和流动性指标等。股票流动性指标即股票周转率，是股票总成交额与股票市场总值的比值，用来衡量股票市场的流动性。股票规模指标即股票交易额与 GDP 的比值。此后，越来越多的学者采用股票市值和上市公司数目等指标来衡量股票市场发展状况，进而反映金融市场发展状况。

4）世界银行指标体系

20 世纪 90 年代，世界银行开始制定金融发展综合指标，将不同类型的衡量金融市场和金融中介的规模、活动、效率等指标纳入一个统一的框架，构建了一个新的金融发展指标体系。这些指标主要包括：金融中介的规模、金融中介的活跃程度、商业银行效率指标、市场结构指标、金融机构规模指标、金融机构效率指标、股票及债权市场发展指标等。

（1）金融中介的规模和效率指标

规模指标包括相对规模指标与绝对规模指标。相对规模指标表示中央银行业、存款货币银行及非银行金融机构的相对重要性，主要有存款货币银行金融资产总额、中央银行金融资产总额以及其他金融机构金融资产总额之和。绝对规模指标用来衡量它们与 GDP 的相对规模，主要指上述三种金融中介的金融资产规模的比值，它体现了以上三种金融中介相对于一国经济的重要性。此外，世界银行还提出了流动性负债指标，即商业银行活期存款和其他金融机构的流动负债，这是一个典型的金融中介规模指标。规模指标不能区分不同类型金融中介负债的用途，而这种不同的用途反映了金融体系的效率。衡量金融活跃性的指标有存款货币银行的私人信贷额、存款货币银行及其他金融机构的私人信贷两种。

（2）银行体系的结构和效率指标

银行体系结构指标主要指外资银行渗透率、商业银行集中率和国有银行份额等。外资银行渗透率主要由外资银行资产份额和外资银行数目份额来衡量，其指标值越高，表明银行体系的效率越高。商业银行集中率是一国最大的三家银行的总资产占全部商业银行总资产的比例，该指标越高，表明该国银行的竞争越低，银行体系的效率越低。国有银行份额是指一国的国有银行总资产占银行总资产的比例，该指标越高，表明该国的银行体系效率越低。银行体系效率指标主要指边际净利差和商业银行管理费用。边际净利差是商业银行的账面净利息收入与商业银行总资产的比值；商业银行管理费用是商业银行的账面管理费用与商业总资产的比值。两者指标值越低，表明商业银行体系的效率越高。

（3）其他金融机构发展指标

除了银行体系发展指标，世界银行还提出了其他金融机构发展指标，主要包括保险公司、准银行金融机构、养老金和储备金、发展银行以及集合投资机会等。这些金融机构的规模和效率指标与银行机构的规模和效率指标类似，一般是其总资产与 GDP 的比值。对于保险公司，还考虑了人均保费收入和保费总额指标。

（4）股票市场和债券市场的指标

世界银行采取的股票市场指标主要包括股票市场的规模、股票市场的流动性以及股票市场的效率指标。股票市场的规模指标由股票市场的市值表示；股票市场的流动性指标由股票市场的总交易额表示；股票市场的效率指标由股票市场的周转率来表示。此外，世界银行还构造了优先股市场和债券市场发展指标。

3.1.2 国内研究综述

上述指标体系有很好的经济学含义，但是其对统计数据也有很高的要求，并不适合我国的具体情况。从 20 世纪 90 年代开始，在这些指标的基础上，国内学者对我国金融发展指标进行了一系列探索，其中对金融发展的研究主要集中在以下四个角度。

1）从我国国家层面进行研究

谢平（1992）通过金融资产总量、金融相关比率等指标分析了1978—1991年中国金融资产结构变动情况，研究中国金融深化进程对经济的影响。易纲（1996）通过流通中的现金、金融机构存贷款、有价证券等指标分析我国金融资产结构。胡章宏（1999）在研究金融发展水平时，主要选取以下指标：金融相关比，金融资产总量，各类金融机构的分布密度，资产占比及存款占比，马歇尔K值，货币证券比例，间接融资与直接融资比率，银行业超额融资比和盈利水平，金融发展城乡差别，通货膨胀对金融发展的侵蚀，金融从业人员素质。李关政和彭建刚（2006）在对二元结构与金融发展关系的研究中，采用金融结构比率和贷款相关比率两个指标来衡量我国金融发展水平。雷宏（2007）在构建金融发展指数时，主要选取国内信贷余额、M2、金融资产总量、期货交易量、股票市值、证券化资产总量、债券融资额七个指标来计算我国金融发展指数。董文华（2009）在衡量金融发展时，纳入了国民幸福总值指标，他认为一个国家的经济福利、人民生活水平应该由国民幸福总值来度量，该指标包含了环境、健康、文化、福利等内容。解维敏和方红星（2011）等人也采用该指标体系来衡量我国的金融发展水平。徐璋勇（2018）基于金融功能论和金融可持续发展理论，从金融规模、金融效率、金融结构、金融功能和金融稳健性五个维度，构建金融发展指标体系，为国家层面的金融业发展质量评价提供了依据。

2）从国际比较角度进行研究

张成思等（2012）选取57个国家和地区为样本，从商业环境、银行金融服务、金融政策与机构环境和金融市场四个方面构建金融发展指数，并运用该指数分析金融发展结构问题。研究发现，我国金融政策与机构环境处于良好水平，商业环境居于世界前列，但是金融法律建设存在缺失和漏洞，创新性不足、金融市场发展相对落后，股票市场和债券市场仍有提升空间。李延凯等（2013）选取51个国家和地区为样本，从商业环境、法律框架和公共政策方面构建金融环境指数。杨子荣等（2021）从规模、效率、活力、稳定性、金融服务五个维度，利用跨国样本数据计算金融发展指数，发现发达经济体的金融发展指数更高，金融体系具有多层次性和复杂性特征，不同经济体金融体系的发展各有侧重点与比较优势。

3）从市场角度进行研究

随着我国经济改革不断深入，金融改革取得了巨大的进展，但是我国的股票和债券市场还比较落后，鉴于我国银行主导型的金融结构，商业银行传统的存贷款业务是多数学者衡量我国银行发展水平乃至金融发展水平的重要指标。目前，国内学者使用最广泛的金融发展规模指标是金融相关比率及其衍生指标（贷款总额/GDP、存款总额/GDP 和存贷款之和/GDP）。在对区域金融发展规模的研究中，周立和胡鞍钢（2002）把银行存款和银行贷款之和作为金融资产总额 F_t，经济活动总量由 GDP 取代。孙国茂（2006）把银行贷款作为金融资产总量指标 F_t 来考察区域资金配置效率。考虑到数据的可得性，在国家层面上，本书采取 M2 衡量我国的金融总量水平，而由于我国省级数据缺乏 M2，因此，本书以银行存款、银行贷款以及银行存款和银行贷款之和来取代 M2。在考虑银行结构指标时，由于国外银行是非国有银行占主导地位，而我国是国有银行占主导地位，张旭、潘群（2002）用银行部门与非银行金融部门的相对资产来衡量金融机构的相对规模。许文彬（2010）采取国有金融机构总资产与非国有金融机构总资产的比值来考察我国金融体系的市场化程度，采用商业银行存贷款与全部存贷款的比值来衡量我国商业银行的重要性。王艳芳（2019）采用各产业的贷款与其总产值的比值作为金融发展的衡量指标。

国内学者对股票市场的研究主要沿用莱文（Levine，1998）构建的股票市场指标体系，包括股票规模指标、效率指标和流动性指标等。郑长德和马俊（2005）采用我国 1995—2004 年股票市场的相关数据来研究我国证券市场发展状况。赵静敏和谭弘恩（2010）采用资本化率（有价证券/GDP）来衡量金融市场的规模。本书采用流通总市值来衡量股票市场规模，流通总市值等于季末上海证券交易所与深圳证券交易所的股票市值之和。我国股票市场上，由于法人股和国家股不能上市流通，不具有信息收集、分散风险的功能，股票市值大，不一定代表股市效率高，只有公众股的流通才能代表我国股市的规模和水平，所以采用流通市值作为市价总值。本书的股票市场流动性指标采用周转率指标。由于中国股市存在流通股和非流通股，不同于莱文（Levine，1998）采用的成交额与股票市值的比值，本书采用 A 股和 B 股的成交额与流通市值指标作为周转率。

对于保险市场，国内学者常用的指标是保险深度，即保费收入与 GDP 的比值，它衡量了保险业在一国国民经济中的地位。赵静敏、谭弘恩（2010）

采用该指标来衡量我国保险业的发展状况，本书也采用该指标来衡量我国的保险深度。此外，本书采用人均保费收入来衡量保险业的发展水平。经济越发达，人民生活水平越高，对保险的需求也会越高，因此，该指标能够间接体现保险业的发展状况。

4）从区域角度进行研究

在研究区域经济与区域金融发展的关系时，需要对金融发展进行度量。林毅夫（2006）在研究金融体系的结构特征与经济增长和发展的关系时，通过收集 1985—2002 年我国 28 个省份的数据，采用银行集中度[①]作为衡量金融发展的指标，研究发现，银行集中度越高，越能够促进经济增长，银行业结构及其与金融发展的匹配程度显著地推动经济增长。樊纲（2010）在编制我国的金融市场化指数时，利用我国 31 个省份的相关数据，编制了我国金融业竞争指数、金融业市场化指数以及信贷资金分配的市场化指数来衡量我国的金融发展水平。王平（2022）在研究金融发展对产业结构升级的影响时，通过收集 2010—2019 年我国 31 个省份的数据，采用银行业金融机构贷款余额/GDP 和银行业金融机构存贷款余额/GDP 作为金融发展衡量指标，运用面板模型与中介效应模型，发现金融发展、区域创新对产业升级的作用。

以上指标，或者过于简单、片面，难以把握金融发展的全貌；或者过于抽象、复杂；或者部分数据不可得，造成在实证研究时难以计算分析。本书从金融发展的角度出发，兼顾数据的可得性，力求构造一个新的金融发展指标体系，用于衡量我国金融发展水平。

3.2 中国金融市场发展

3.2.1 中国金融体系的发展历程

20 世纪 90 年代以前，我国存在着国家高度集中控制的利率制度安排。国家对利率的管制一向比较严格，虽然有所改革，但是存在着利率结构不完善、对利率监管过度集中、利率水平偏低等诸多问题。直到 1996 年，中国人民银行才开始进行利率市场化改革。同年，国家取消了同业拆借市场的利率管制上限。1997 年，银行同业拆借市场成立的同时，中国人民银行放开了银行间债

① 四大国有银行的存款额、贷款额在所有金融机构的存款、贷款总额中的比重。

券回购的利率管制。1998 年，中国人民银行决定国债和政策性金融债以招标方式来实现利率市场化。2004 年，我国存贷款市场实现了半市场化，资本市场、货币市场、外币存贷市场和贴现市场实现了利率市场化，2013 年，国家放开了对金融机构贷款利率的管制，标志着贷款利率实行了市场化。贷款利率的放开完善了中国人民银行对利率的调控机制，增强了公开市场业务对利率的引导作用，夯实了利率市场化的形成基础，培育了利率市场化的形成机制。2015 年，国家取消了一年期以上定期存款利率的浮动上限，成为我国利率市场化改革中的重要里程碑。同年，中国人民银行放开了农村信用合作金融机构和商业银行的存款利率浮动上限。自此，我国基本上实现了利率市场化。

1949 年以来，伴随着经济体制的改革，我国的汇率制度也经历了曲折变化。人民币汇率制度经历了固定汇率制度、双重汇率制度、有管制的浮动汇率制度和浮动汇率制度的转变。改革开放之前，为了与计划经济相适应，国家实行固定汇率制度，只有在外币发生浮动时，人民币汇率才作出相应调整。1979—1993 年，随着外贸体制的改革，我国外汇制度也开始从计划汇率制度向市场汇率制度转变，实行官方汇率和调剂汇率并存的汇率制度。这种双轨制实际上是计划经济与市场经济相结合的产物。1994 年，为了与市场经济相适应，国家对双轨制进行并轨，实施单一的、有管理的浮动汇率制度。该制度能够根据市场供求调节汇率，使人民币汇率在国际市场上保持币值稳定，有效抵御了 1997 年东南亚金融危机的冲击，是我国汇率体制改革的重要一步。2005 年，国家继续完善汇率制度改革，人民币汇率不再实行盯住单一美元的外汇政策。此后，为了进一步推动资本项目对外开放，国家引进了境外合格投资者（QFII）准入制度，放松了对外投资的直接管制，提高了居民的购汇额度，改革了结汇制度。2013 年，我国的资本项目已经实现了五项完全可兑换，17 项部分可兑换，八项基本可兑换。2014 年，中国人民银行决定，扩大银行间的即期外汇市场价格浮动，浮动幅度从 1%提高到 2%。

随着改革开放的推进，我国金融业也开始了对外开放，境外金融机构逐渐进入国内金融市场。1982 年，中国人民银行批准外资金融机构在经济特区试点设立商业银行分支机构，从事各种外汇金融业务。1996 年，中国人民银行经国务院批准，开始审批具备条件的外国金融机构在浦东新区从事人民币业务。1998 年，中国人民银行继续扩大试点外资商业银行从事人民币业务，增加外资银行的进入数量，并批准深圳成为我国第二个试点经营城市。到 2000

年，中国人民银行共批准了25家外资银行从事人民币业务。加入世界贸易组织（WTO）以后，我国金融业进一步开放，越来越多的外资金融机构被批准在中国经营。2007年，国内的外资银行达到254家，其中七家被批准从事人民币零售业务。同年，为了方便境内投资者在境外证券市场上进行投资，国家批准启动了境内合格投资者（QDII）；同时，为了方便境外投资者在境内证券市场上投资，国家批准启动了境外合格投资者（QFII）。截至2020年第一季度，外资银行在华共设立41家法人银行、115家银行分行和149家代表处，营业性机构共975家。2019年末，外资银行在华经营资产规模达到4.5万亿元，是2011年末的近两倍。外资银行机构数量、资产绝对规模都有明显上升。但是从相对规模来看，外资银行在中国还有很大发展空间。截至2020年，外资银行总资产规模约占国内银行总资产比重的1.47%；相比之下，美国市场上外资银行的资产规模占比达到12%。

3.2.2 银行市场发展

1）发展历程

1948年，在合并北海银行、华北银行、西北农业银行的基础上，中国人民银行在石家庄建立，并发行人民币作为我国的法定货币，标志着我国金融体系的初步形成。1949年，中国人民政治协商会议初次赋予中国人民银行国家银行的职能，通过对官僚资本银行、解放区银行、私营银行等金融机构的取缔、接管、改造等，形成了以中国人民银行为主、农村信用社为辅，存在少数私营银行和专业银行的银行系统。与此同时，国家还保留着股票市场、票据市场、外汇市场等金融市场。

1953年起，国家逐步取消股票市场，并逐步取消企业间借贷，取消公债发行，终止向国外借款，金融市场上的活动逐渐停止。与此同时，对银行系统进行调整，把全国的储蓄业务和信贷业务全部集中到中国人民银行，形成了以行政管理为主、高度统一的国家银行体系。从此，我国只有中国人民银行一家银行，它既从事对工业、农业、商业的存贷款业务，又担负着货币政策的实施及货币发行等中央银行职责。1969年，中国人民银行总行并入财政部。总的来说，这种“大一统”的管理模式与计划经济时期的管理模式相适应，有助于国家经济政策的贯彻与实施，进而促进经济增长。彼时，金融等同于银行，银行从属于财政，因此，改革开放以前，我国并没有现代意义上的金融体系。

1978 年 1 月，五届人大一次会议决定把中国人民银行从财政部分离出来，标志着我国金融体系开始逐渐恢复。1979 年 1 月，为了扶持农村经济，中国农业银行率先从中国人民银行中分离出来，打破了我国“大一统”的金融格局。中国农业银行的主要职责是办理农村信贷业务，管理支农资金，发展农村信贷。3 月，基于国际金融业务的发展和对外开放的要求，国家成立中国银行作为外汇专业银行，其主要职能是经营和管理外汇业务。8 月，国家重建中国建设银行，作为国务院直属的金融机构，办理财政业务和金融业务，且后者的比重越来越大。1983 年，国务院通过《关于中国人民银行专门行使中央银行职能的决定》，决定成立中国工商银行，主要承办以前由中国人民银行办理的储蓄业务和工商信贷。虽然成立的时间比较晚，但是中国工商银行由于其业务量、存贷款总额、资金清算数量、机构网点数等指标居于全国商业银行的首位，成为我国最大的商业银行。中国工商银行的成立，使得中国人民银行从具体的银行业务中解脱出来，不再经营商业银行业务，独立行使货币发行、信贷管理权力，能够更好地发挥中央银行职能。从此，中国人民银行在制定和执行货币政策时拥有更多的自主权，金融监管和间接调控能力提高，能够更加有效地化解和防范金融风险，保障金融秩序和经济秩序的稳定运行，进而促进经济发展。中国工商银行的成立标志着我国现代金融体系的形成，我国逐步建立起以中国人民银行为核心，四大国有银行为主体的金融体系。

除四大国有商业银行外，其他银行金融机构也有一定的发展。1953 年就已经存在的农村信用社，伴随改革开放后乡镇企业的蓬勃发展而迅速扩张，最多的时候达到 50 000 多家。1980 年，城市信用社开始成立，此后随着城市的发展，迅速普及，曾多达 5 000 余家。1986 年，交通银行作为我国首家股份制商业银行重新营业。1987 年，由企业集团出资成立的中信实业银行、首家区域性商业银行深圳发展银行相继成立。此后，招商银行、兴业银行、广东发展银行、深圳发展银行、浦发银行、光大银行、华夏银行也相继成立。这些产权多样、规模中等的综合性商业银行，与工、农、中、建四大商业银行，以及城市信用社和农村信用社，共同形成了我国以中国人民银行为核心，国有四大商业银行为主体，多种金融机构并存的金融体系。

1993 年之前，四大国有商业银行都带着明显的政策导向，有其独立的运行范围和领域，兼顾商业性业务和政策性业务。1994 年，国家成立了中国农业发展银行、国家开发银行和中国进出口银行三家政策性银行，将四大行的金融性业务和政策性业务相分离。这一举措使得四大商业银行成为真正的商业银行，中国人民银行成为真正的中央银行，进一步完善了我国的金融体系。

1999 年，为了管理、收购、处置和剥离四大国有商业银行的不良资产，以及为了最大限度地保全四大国有商业银行的资产、化解风险、减少损失，国家通过财政拨款成立了东方、华融、长城、信达四家资产管理公司，以剥离国有商业银行的不良资产。

2003 年 3 月，为了将对银行机构的监管职能从中国人民银行分离出来，国家成立了银行业监督管理委员会。银监会的成立使得我国形成了分业经营和分业监管的制度框架，从此开始了银监会、保监会、证监会分业监管的制度模式。

2004 年，国家组建中央汇金公司，以代表国家对国家注资的国有控股银行行使所有权职能。此后，国家又组建了国家投资公司，中央汇金公司也成为其中一员，该公司常被称作国家主权财富基金。2004 年，中央汇金公司动用 450 亿美元分别注资中国建设银行和中国银行，帮助其完成再资本化。2005 年，在完成引进战略投资者、机构重组和战略重组的基础上，中国建设银行在香港挂牌上市；2006 年，中国银行同时在上海和香港上市。2005 年，国家通过中央汇金公司向中国工商银行注资 150 亿。2006 年，中国工商银行完成了 A+H 股上市。2007 年，中国建设银行回归 A 股。2010 年，中国农业银行也挂牌上市。与此同时，政府还动用国家外汇储备向银行业外的其他金融机构注资，包括保险、证券、政策性银行等领域。随后，证券、保险等金融部门也纷纷开始上市。2010 年，重庆农村商业银行在香港成功上市。截至 2014 年，我国共有 16 家商业银行在上交所上市。截至 2021 年，我国共有 54 家上市银行，具体包括 15 家 A+H 股上市银行、23 家 A 股上市银行、16 家 H 股上市银行。此外，54 家上市银行包括全部六家国有大行、10 家股份行、28 家城商行以及 10 家农商行。

银行通过股份制改造，能够明确产权归属，整合法人治理，引进合格的境外投资者，达到增强竞争力、提高综合实力的目的。在此背景下，金融机构可通过公开上市，增发股票、债券等越来越多的渠道来补充资本金，金融机构能够在资本市场上自由融资，保险系、银行系和证券系的基金公司逐步开始成立。

2）发展状况

从 1979 年至今，我国国民储蓄率一直处于世界前列。如图 3-1 所示，我国 1979 年总储蓄率为 36.28%，此后一直保持在 30%以上，到 2008 年高达 50.04%，截至 2021 年，总储蓄率达到 45.55%，远高于世界平均储蓄率①。近年来，我国储蓄率与 2008—2010 年的峰值（50%）相比有所下降，但仍然远高于发达国家和发展中国家的平均水平。储蓄率的下降可能与经济结构转型、居民消费观念转变有关。

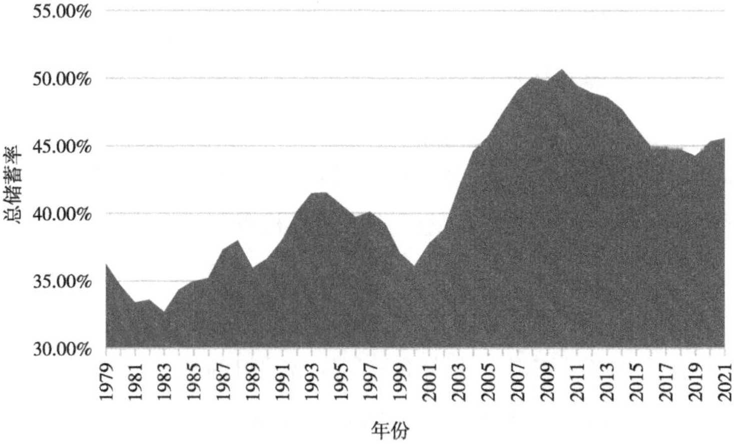

图 3-1　1979—2021 年我国总储蓄率②

数据来源：国家统计局。

银行业作为我国主要的金融部门，其存贷款业务在我国经济发展中起着至关重要的作用。改革开放以后，随着经济的持续稳定增长，我国银行业也得到了快速发展。从银行等金融中介的存贷款规模来看（如表 3-1），1978 年以来，我国金融中介的存贷款额增速明显，其中存款增长速度为 19.57%，贷款增长速度为 17.65%，存贷和增长速度为 18.51%，均超过了经济增长速度（14.49%）。

① 根据国际货币基金组织（IMF）统计，2017 年世界平均水平为 26.5%。

② 本书中总储蓄率=总储蓄÷总收入×100%。其中总储蓄=总收入-总消费（最终消费）。

表 3-1 金融机构存贷款业务基本情况

年份	贷款余额（亿元）	存款余额（亿元）	存贷和（亿元）	贷款增长速度	存款增长速度	存贷和增长速度
1978	1 890. 42	1 155. 01	3 045. 43	—	—	—
1979	2 082. 47	1 362. 56	3 445. 03	10. 16%	17. 97%	13. 12%
1980	2 478. 08	1 689. 66	4 167. 74	19. 00%	24. 01%	20. 98%
1981	2 853. 29	2 097. 19	4 950. 48	15. 14%	24. 12%	18. 78%
1982	3 162. 7	2 449. 05	5 611. 75	10. 84%	16. 78%	13. 36%
1983	3 566. 56	2 883. 32	6 449. 88	12. 77%	17. 73%	14. 94%
1984	4 746. 8	3 735. 33	8 482. 13	33. 09%	29. 55%	31. 51%
1985	6 198. 38	4 559. 95	10 758. 33	30. 58%	22. 08%	26. 84%
1986	8 142. 72	5 933. 88	14 076. 6	31. 37%	30. 13%	30. 84%
1987	9 814. 09	7 392. 4	17 206. 49	20. 53%	24. 58%	22. 23%
1988	11 964. 25	8 810. 36	20 774. 61	21. 91%	19. 18%	20. 74%
1989	14 248. 81	10 709. 57	24 958. 38	19. 09%	21. 56%	20. 14%
1990	17 511. 02	13 942. 94	31 453. 96	22. 89%	30. 19%	26. 03%
1991	21 116. 39	17 972. 84	39 089. 23	20. 59%	28. 90%	24. 27%
1992	25 742. 81	23 143. 81	48 886. 62	21. 91%	28. 77%	25. 06%
1993	32 955. 83	29 645. 99	62 601. 82	28. 02%	28. 09%	28. 06%
1994	39 975. 09	40 502. 54	80 477. 63	21. 30%	36. 62%	28. 55%
1995	50 544. 09	53 882. 1	104 426. 19	26. 44%	33. 03%	29. 76%
1996	61 156. 55	68 595. 59	129 752. 14	21. 00%	27. 31%	24. 25%
1997	74 914. 07	82 392. 79	157 306. 86	22. 50%	20. 11%	21. 24%
1998	86 524. 13	95 697. 94	182 222. 07	15. 50%	16. 15%	15. 84%
1999	93 734. 28	108 778. 94	202 513. 22	8. 33%	13. 67%	11. 14%
2000	99 371. 07	123 804. 35	223 175. 42	6. 01%	13. 81%	10. 20%
2001	112 314. 7	143 617. 17	255 931. 87	13. 03%	16. 00%	14. 68%
2002	131 293. 93	170 917. 4	302 211. 33	16. 90%	19. 01%	18. 08%
2003	158 996. 23	208 055. 59	367 051. 82	21. 10%	21. 73%	21. 46%

续表

年份	贷款余额（亿元）	存款余额（亿元）	存贷和（亿元）	贷款增长速度	存款增长速度	存贷和增长速度
2004	178 197. 78	241 424. 32	419 622. 1	12. 08%	16. 04%	14. 32%
2005	194 690. 39	287 169. 52	481 859. 91	9. 26%	18. 95%	14. 83%
2006	225 347. 2	335 459. 78	560 806. 98	15. 75%	16. 82%	16. 38%
2007	261 690. 88	389 371. 15	651 062. 03	16. 13%	16. 07%	16. 09%
2008	303 394. 64	466 203. 32	769 597. 96	15. 94%	19. 73%	18. 21%
2009	399 684. 82	597 741. 1	997 425. 92	31. 74%	28. 21%	29. 60%
2010	479 195. 55	718 237. 93	1 197 433. 48	19. 89%	20. 16%	20. 05%
2011	547 946. 69	809 368. 33	1 357 315. 02	14. 35%	12. 69%	13. 35%
2012	629 909. 64	917 554. 77	1 547 464. 41	14. 96%	13. 37%	14. 01%
2013	718 961. 46	1 043 846. 86	1 762 808. 32	14. 14%	13. 76%	13. 92%
2014	816 770. 01	1 138 644. 64	1 955 414. 65	13. 60%	9. 08%	10. 93%
2015	939 540. 16	1 357 021. 61	2 296 561. 77	15. 03%	19. 18%	17. 45%
2016	1 066 040. 06	1 505 863. 83	2 571 903. 89	13. 46%	10. 97%	11. 99%
2017	1 201 320. 99	1 641 044. 22	2 842 365. 21	12. 69%	8. 98%	10. 52%
2018	1 362 967	1 775 225. 73	3 138 192. 73	13. 46%	8. 18%	10. 41%
2019	1 531 123. 2	1 928 785. 33	3 459 908. 53	12. 34%	8. 65%	10. 25%
2020	1 727 452. 07	2 125 720. 88	3 853 172. 95	12. 82%	10. 21%	11. 37%
2021	1 926 902. 81	2 322 500. 4	4 249 403. 21	11. 55%	9. 26%	10. 28%

数据来源：国家统计局。其中，贷款余额选取的是金融机构资金来源各项贷款，存款余额选取的是金融机构资金来源各项存款。

从金融中介的存贷款深化程度来看（如图 3-2），存款总额/GDP 持续增加，从 1978 年的 31. 4%发展到 2021 年的 203. 07%，增长了近 6. 5 倍；贷款总额/GDP 在 1993 年出现低谷后，虽然持续增加，但增速不及存款总额/GDP，从 1978 年的 51. 39%发展到 2021 年的 168. 48%，增长了 3 倍多；存贷和/GDP 的增长速度持续增长，从 1978 年的 82. 79%发展到 2021 年的 371. 56%，增长四倍多。总的来看，我国银行业存贷款总额相对于 GDP 呈上升趋势，这与我国的国家政策和宏观经济环境有关。

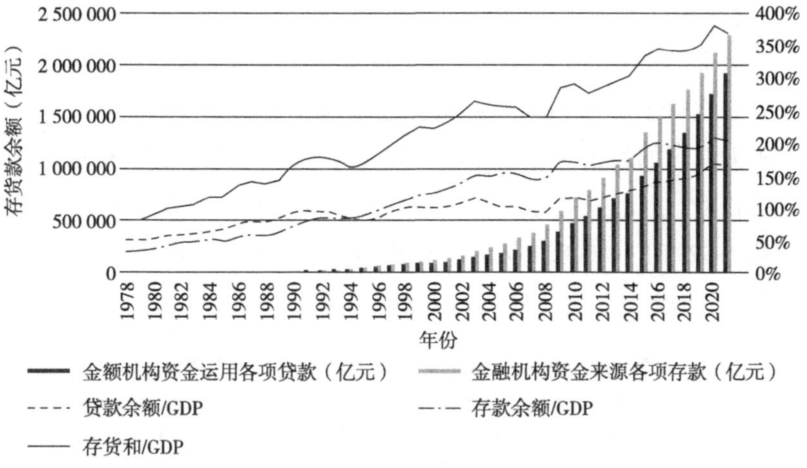

图 3-2　金融机构存贷款业务相对规模

数据来源：国家统计局。

3.2.3　股票市场发展

1）发展历程

早在 20 世纪 80 年代，我国就已经出现了股票市场，但是比较分散，没有统一的组织。20 世纪 80 年代初，已有小型企业开始发行股票，但是对象主要是地方群众和内部员工，没有相应的承销商，主要通过自发自销的形式进行融资。1983 年，深圳宝安联合投资公司成立，成为我国改革开放后首家股份制企业。1984 年，北京天桥百货股份有限公司初次发行股票。

1987 年，中国人民银行试成立了深圳经济特区证券公司，成为我国第一家证券公司。在试办的基础上，一批证券公司相继成立，我国的证券业应运而生。1990 年，国家成立了上海证券交易所，成为改革开放后我国第一家证券交易所。次年，国家又成立了深圳证券交易所。上交所和深交所的成立标志着我国开始形成规范的资本市场。此后颁布的《中华人民共和国证券法》使得我国证券市场逐渐规范化和法制化。与此同时，成立区域性证券交易中心 17 家，中国人民银行还在各省设立证券公司 33 家，证券经营模式初见雏形。2021 年 9 月，国家成立北京证券交易所，其是经国务院批准设立的中国第一家公司制证券交易所，受中国证监会监督管理，服务创新型中小企业创新发展。截至 2021 年，全国共有 134 家证券公司。

2）发展状况

我国股票市场经历了几十年的发展，无论规模还是融资功能都得到了长足的进步，但是波动性较大，股票市场的稳定性有待加强。

从规模上看（如表 3-2），上市公司数量、股票市值与成交额基本都呈现快速上升的趋势，上市公司的数量从 1991 年的 13 家发展 2021 年的 4 615 家，股票市值从 1992 年的 1 048. 1 亿元发展到 2021 年的 916 088 亿元，股票成交额也从 1992 年的 681 亿元发展到 2021 年的 2 579 734 亿元。

表 3-2　1992—2021 年我国股票市场发展规模

年份	上市公司数（家）	股票市价（亿元）	股票流通市值（亿元）	股票成交金额（亿元）	股票市值/GDP	流通市值/GDP
1992	53	1 048. 15	—	683. 04	0. 04	—
1993	183	3 541. 52	861. 62	3 627. 2	0. 10	0. 02
1994	291	3 690. 62	968. 89	8 127. 63	0. 08	0. 02
1995	323	3 474. 28	938. 22	4 036. 45	0. 06	0. 02
1996	530	9 842. 39	2 867. 03	21 332. 17	0. 14	0. 04
1997	745	17 529. 24	5 204. 42	30 721. 83	0. 22	0. 07
1998	852	19 521. 81	5 745. 59	23 527. 31	0. 23	0. 07
1999	949	26 471. 18	8 213. 97	31 319. 6	0. 29	0. 09
2000	1 088	48 090. 94	16 087. 52	60 826. 65	0. 48	0. 16
2001	1 160	43 522. 2	14 463. 17	38 305. 18	0. 39	0. 13
2002	1 224	38 329. 13	12 484. 55	27 990. 46	0. 31	0. 10
2003	1 287	42 457. 72	13 178. 52	32 115. 27	0. 31	0. 10
2004	1 377	37 055. 57	11 688. 64	42 333. 95	0. 23	0. 07
2005	1 381	32 430. 28	10 630. 51	31 664. 78	0. 17	0. 06
2006	1 434	89 403. 89	25 003. 64	90 468. 89	0. 41	0. 11
2007	1 550	327 141	93 064	460 556. 23	1. 21	0. 34
2008	1 625	121 366. 43	45 213. 9	267 112. 66	0. 38	0. 14
2009	1 718	243 939. 12	151 258. 65	535 987	0. 70	0. 43
2010	2063	265 422. 59	193 110. 41	545 633. 55	0. 64	0. 47
2011	2 342	214 758. 1	164 921. 3	421 644. 59	0. 44	0. 34

续表

年份	上市公司数（家）	股票市价（亿元）	股票流通市值（亿元）	股票成交金额（亿元）	股票市值/GDP	流通市值/GDP
2012	2 494	230 357. 62	181 658. 26	314 583. 27	0. 43	0. 34
2013	2 489	239 077. 19	199 579. 53	468 729	0. 40	0. 34
2014	2 613	372 546. 96	315 624. 31	742 385. 26	0. 58	0. 49
2015	2 827	531 462. 7	417 880. 75	2 550 541. 31	0. 77	0. 61
2016	3 052	507 685. 88	393 401. 67	1 277 680	0. 68	0. 53
2017	3 485	567 086. 08	449 298. 15	1 124 625. 11	0. 68	0. 54
2018	3 584	434 924. 03	353 794. 2	901 739. 4	0. 47	0. 38
2019	3 777	592 934. 57	483 461. 26	1 274 158. 8	0. 60	0. 49
2020	4154	797 238. 17	643 605. 29	2 068 252. 52	0. 79	0. 63
2021	4 615	916 088	751 556	2 579 734	0. 80	0. 66

数据来源：国家统计局。

我国的市场资本化率（股票市值占 GDP 的比例）呈现出 M 形的发展轨迹（如图 3-3），从 1992 年的 4%发展到 2007 年的 121%，又回落到 2021 年的 80%。而股票流通市值占 GDP 的比例波动较小，基本上与股票市值占 GDP 的比例变动趋势相同，从 1993 年的 2%发展到 2021 年的 66%。

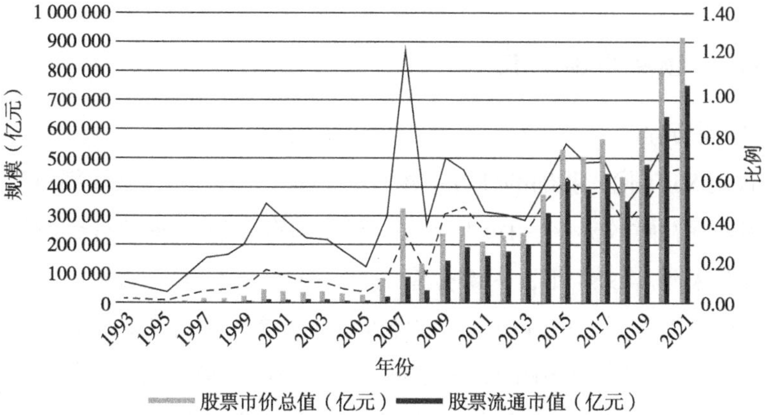

图 3-3　1992—2021 年市场资本化率

从已有文献来看，股市周转率是解释股票市场流动性的一个非常好的指标，但这一点在中国可能不十分适用。我国股票市场中的法人股和国家股不能上市流通，只有公众股的流通才能代表我国股市的流通水平。因此，用股市成交额/流通市值来作为周转率指标来衡量我国股市的流动性更有代表性。从图 3-4 中可以看出，我国的股市成交额/流通市值，1993 年为 4.3，1994 年上升到 8.4，2002 年下降到 2.2，2008 年又攀升到 5.9，2012 年下降至 1.7，2015 年上升至 6.1，到 2021 年维持在 3.4。我国股市周转率在波动中不断上升下降，正是我国股票市场逐渐走向成熟的表现。

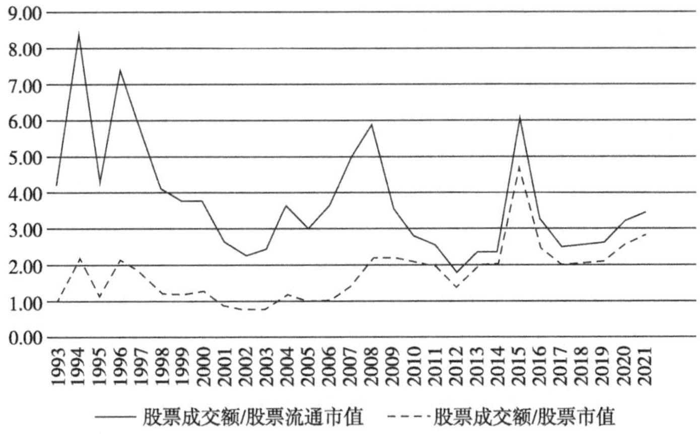

图 3-4　1992—2021 年股票市场周转率

3.2.4　债券市场发展

1）发展历程

20 世纪 80 年代，我国的债券市场开始形成。1981 年，财政部重新发行国库券，用来弥补财政赤字。1983 年，一部分国有银行开始发行金融证券，用来补充资金来源。1984 年，一部分企业开始试点发行企业债券。此外，国家进出口银行、国家开发银行和中国农业发展银行等政策性金融机构开始发行债券来筹集资金。同时，经中国人民银行批准，一些金融机构还发行特殊金融债券来偿还债务。20 世纪 90 年代，我国的证券市场获得了较快的发展。1991 年，国债交易开始呈现规范化、跨区域的特点。同年，中国人民银行和财政部开始启动国债回购业务。1993 年，为了调控宏观金融市场，中国人民银行还发行了融资债券。1996 年，借助证券交易所平台，财政部实现了国债市场化。1997 年，随着现券交易利率和银行间债券市场管制的放开，银行间债券市场开始建立。1990—2021 年，我国债券市场存量一直呈增长趋势，中国人民银行数据显示，2021 年 12 月，我国债券市场存量为 133 万亿元人民币。作为直接融资的渠道之一，债券融资规模的增长可为实体经济提供更多资金支持。可见，我国债券市场种类日趋齐全，结构更加合理，多个品种债券发力增长。除此之外，我国债券的种类也越来越丰富，债券市场形成了场内和场外共存的市场格局。

2）发展状况

我国债券市场是资本市场的重要组成部分，在金融资源配置中发挥着重要作用，尤其体现在支持国家重大改革、促进银行业改革和金融创新方面。国债在我国进行重大经济改革时发挥着重大作用，金融债有利于筹措政策性项目建设资金，企业债是企业融资的重要渠道并得到大力推广。

我国债券市场在 20 世纪 80 年代开始步入快速发展时期，逐渐形成了以商业银行间市场为主、证券交易所市场为辅、柜台市场为补充的债券市场体系。如表 3-3 所示，在债券总量方面，我国债券余额从 1990 年 1 085.78 亿元增长到 2021 年的 1 331 106 亿元，平均增速达到 28%。如图 3-5 所示，债券余额占 GDP 的比重不断增加，从 1990 年的 6%增长到 2021 年的 116%，平均增长速度达到 33%。债券余额平均增长率超过了 28%，债券发行额的平均增长率超过了 32%。

表 3-3　1990—2021 年我国债券期末余额情况表

年份	债券余额（亿元）	债券发行额（亿元）	债券余额/GDP	债券余额增长率（%）	债券发行额增长率（%）
1990	1 085. 8	323. 6	0. 06	—	—
1991	1 391. 1	531. 2	0. 06	0. 28	0. 64
1992	2 104. 8	1 144. 5	0. 08	0. 51	1. 15
1993	2 343. 1	617. 2	0. 07	0. 11	-0. 46
1994	2 968. 5	1 299. 3	0. 06	0. 27	1. 11
1995	3 946. 9	1 811. 7	0. 06	0. 33	0. 39

续表

年份	债券余额（亿元）	债券发行额（亿元）	债券余额/GDP	债券余额增长率（%）	债券发行额增长率（%）
1996	4 959. 2	2 116. 7	0. 07	0. 26	0. 17
1997	6 030. 0	4 221. 6	0. 08	0. 22	0. 99
1998	8 442. 6	5 886. 9	0. 10	0. 40	0. 39
1999	11 320. 6	6 024. 2	0. 13	0. 34	0. 02
2000	13 881. 6	6 385. 0	0. 14	0. 23	0. 06
2001	15 618. 0	7 656. 0	0. 14	0. 13	0. 20
2002	19 336. 1	11 416. 8	0. 16	0. 24	0. 49
2003	22 603. 6	18 484. 9	0. 16	0. 17	0. 62
2004	25 777. 6	29 411. 5	0. 16	0. 14	0. 59
2005	28 774. 0	44 129. 3	0. 15	0. 12	0. 50
2006	31 448. 7	59 061. 2	0. 14	0. 09	0. 34
2007	56 922. 7	81 408. 8	0. 21	0. 81	0. 38
2008	105 408. 9	73 050. 6	0. 33	0. 85	−0. 10
2009	134 048. 0	88 867. 3	0. 38	0. 27	0. 22
2010	164 730. 2	97 320. 3	0. 40	0. 23	0. 10
2011	200 052. 8	78 308. 7	0. 41	0. 21	−0. 20
2012	251 667. 0	79 455. 0	0. 47	0. 26	0. 01
2013	299 152. 7	89 202. 9	0. 50	0. 19	0. 12
2014	352 840. 3	119 286. 3	0. 55	0. 18	0. 34
2015	487 494. 6	224 707. 2	0. 71	0. 38	0. 88
2016	613 923. 1	352 020. 2	0. 82	0. 26	0. 57
2017	744 104. 5	398 493. 6	0. 48	−0. 35	0. 13
2018	859 807. 0	430 959. 0	0. 47	0. 08	0. 08
2019	989 950. 0	452 073. 0	1. 00	1. 30	0. 05
2020	1 167 200. 0	569 397. 0	1. 15	0. 18	0. 26
2021	1 331 106. 0	613 839. 0	1. 16	0. 14	0. 08

数据来源：EPS 数据库，中国人民银行。

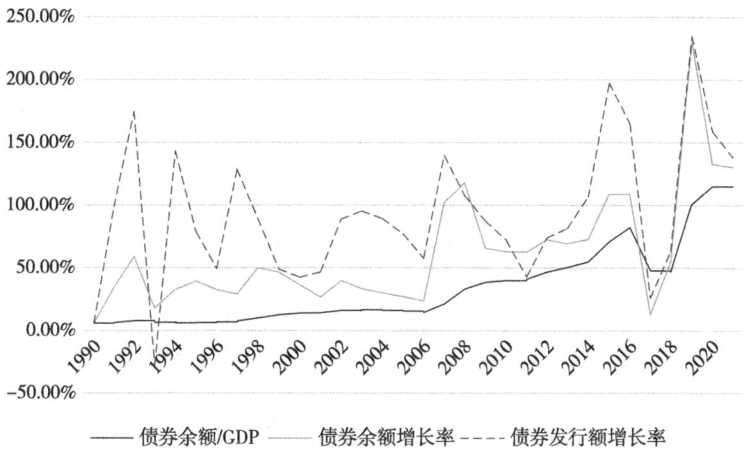

图 3-5　1990—2020 年我国债券余额占 GDP 比重

3.2.5　保险市场发展

1）发展历程

1949 年成立的中国人民保险公司从属于中国人民银行，由财政部统一领导。计划经济时期，我国保险业一度停办，此后很长一段时期一直忽视保险业的作用。随着经济体制的改革，国家恢复了国内的保险业，并批准中国人民保险公司重新运营。此后，中国人民保险公司改由国务院直接领导。1985 年以前，中国人民保险公司独家垄断保险市场，之后随着其他国有保险公司的成立、外资保险公司的不断进入，形成了由股份制保险公司、国有独资保险公司、中外合资保险公司和外资保险公司共同经营、相互竞争的保险市场格局。1995 年，国家成立中国人民保险（集团）公司，并下设专业的子公司。同时，太平洋保险公司也完成了股份制改造，成为我国首家股份制保险公司。1995 年颁布的《中华人民共和国保险法》加强了国家对保险业的监管，规范了保险活动，保障了保险当事人的权益，对发展市场经济、促进保险事业的发展有着重要的意义。1998 年，国家成立保险业监督管理委员会，对保险业进行监督管理。此后，商业保险的业务范围不断扩大，保险领域也不断拓宽，保险准备金迅速积累，保险偿付能力得到了有效的保障。

截至 2020 年，中国境内保险机构（总公司）共有 238 家。2020 年，我国保险业保费收入 4. 5 万亿元，同比增长 6. 1%。我国保险业得到了前所未有的繁荣。

2）发展状况

改革开放以来，我国保险业得到了快速稳定的发展。从保险业的规模来看（如表 3-4），1980 年我国建立第一家保险公司，保费收入 4.6 亿元，发展到 2021 年，保费收入 44 900.2 亿元，平均增长率高于 20%，我国保险市场成为规模仅次于美国、世界第二大保险市场。我国保险业总量发展迅猛，保险功能不断增强，保障地位显著提升，保险业整体实力明显提高。

表 3-4　我国保险业发展规模

年份	保险公司保费（亿元）	国内生产总值（亿元）	保险公司赔款及给付（亿元）	保费增长率（%）	保险赔付率（%）
1994	376	48 637.5	—	—	—
1995	453	61 339.9	—	20.48	—
1996	538	71 813.6	—	18.76	—
1997	773	79 715	247	43.68	31.95
1998	1 256	85 195.5	532	62.48	42.36
1999	1 406	90 564.4	508	11.94	36.13
2000	1 598	100 280.1	526	13.66	32.92
2001	2 109	110 863.1	597	31.98	28.31
2002	3 054	121 717.4	707	44.81	23.15
2003	3 880	137 422	841	27.05	21.68
2004	4 318	161 840.2	1 004	11.29	23.25
2005	4 927	187 318.9	1 130	14.10	22.93
2006	5 641	219 438.5	1 438	14.49	25.49
2007	7 036	270 092.3	2 265	24.73	32.19
2008	9 784	319 244.6	2 971	39.06	30.37
2009	11 137	348 517.7	3 125	13.83	28.06
2010	14 528	412 119.3	3 200	30.45	22.03
2011	14 339	487 940.2	3 929	-1.30	27.40
2012	15 488	538 580	4 716	8.01	30.45
2013	17 222	592 963.2	6 213	11.20	36.08
2014	20 235	643 563.1	7 216	17.50	35.66

续表

年份	保险公司保费（亿元）	国内生产总值（亿元）	保险公司赔款及给付（亿元）	保费增长率（%）	保险赔付率（%）
2015	24 283	688 858.2	8 674	20.00	35.72
2016	30 904.15	746 395.1	10 515.68	27.27	34.03
2017	36 581	832 035.9	11 181	18.37	30.57
2018	38 017	919 281.1	12 297	3.93	32.35
2019	42 644.8	986 515.2	12 893.9	12.17	30.24
2020	45 257.3	1 013 567	13 907.1	6.13	30.73
2021	44 900.17	1 143 669.7	15 608.64	−0.79	34.76

资料来源：国家统计局。

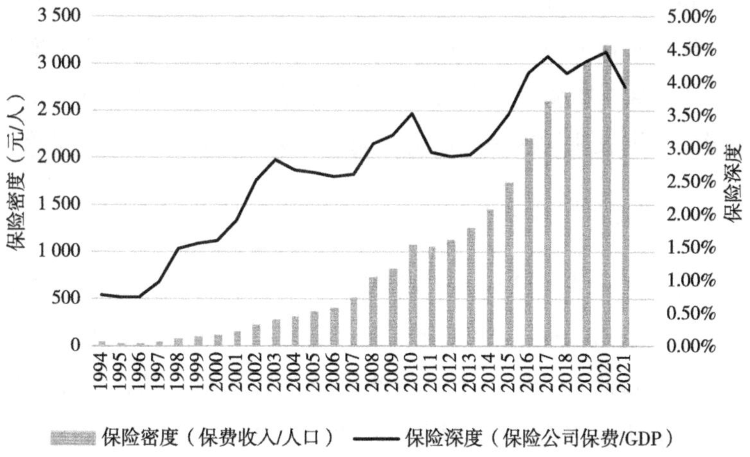

图 3-6　我国保险业渗透度

资料来源：国家统计局。

从保险业的效率来看（如图 3-6），在过去近 30 年的时间里，我国保险业渗透度有了很大提高。从保险深度指标来看（保费收入/GDP），我国的保险渗透度持续上升，由 1994 年的 0.78%上升到 2021 年的 3.93%，2016 年至今一直保持在 4%以上的水平。从保险密度指标来看（保费收入/人口数），我国的保险密度从 1994 年的 31.37 元/人快速增长到 2021 年的 3 178.55 元/人，增长了大约 100 倍。虽然我国保险业取得了很大进步，但与其他国家相比，我国的保险深度和保险密度仍低于世界平均水平。

3.2.6 信托市场发展

1）发展历程

1979 年，中国国际信托投资公司成立，成为我国首家信托投资公司。此后，部分政府部门和银行部门纷纷成立信托投资公司，鼎盛时期，我国有信托投资公司超过 400 家。1981 年，中国东方租赁有限公司宣告成立，标志着融资租赁业成为我国金融体系的一部分。1987 年，中国国际信托投资公司和中国银行共同创立了中国投资基金。与此同时，我国开始出现归属于企业集团的财务公司。1990 年，法国东方汇理银行成立了上海基金，成为我国首支共同基金。此后，投资信托公司成为我国非银行金融机构的重要组成部分，但是日渐扩张的中国信托业也逐渐暴露出问题。当时信托业的业务范围囊括了银行业、保险业和证券业的几乎全部业务，被称为“金融百货公司”。为了防范和化解风险，加强对信托投资公司的监管，国家在 20 世纪 90 年代中期开始对信托业进行改革，要求投资信托公司与银行实行分业经营，并陆续关闭了中银信托投资公司、中国农业发展信托投资公司和广东国际信托投资公司等大型信托公司。

2）发展状况

2010—2017 年，中国信托资产规模由 3.04 万亿元高速增长至 26.25 万亿元，每年增速都超过 15%，2017 年同比增速 29.82%。2017 年之后，在“去杠杆、防风险”强监管的驱动下，信托通道业务大幅缩减，行业整体资产规模持续下降，信托资产规模从 2017 年的 26.25 万亿元高点渐次回落，2020 年末信托资产规模 20.49 万亿元，同比下降 5.18%，比 2019 年末减少 1.12 万亿元，比 2017 年末历史峰值减少 5.76 万亿元。

3.2.7 期货市场发展

1）发展历程

20 世纪 90 年代，经国务院批准，我国重新开始进行期货交易。1990 年，郑州粮食批发市场成立，我国期货交易开始进入探索阶段。1992 年，首张铝期货标准合约在深圳有色金属交易所发行，标志着我国开始建立起真正意义的期货市场。自此，我国期货市场开始了恢复性发展。但是期货市场的迅速繁荣与配套监管不相匹配，随着期货市场的发展，积累的问题越来越多。为了消除不利影响，保障市场健康发展，中国证监会采取了有力的措施。2006 年，国家成立中国金融期货交易所，用于发行和筹备金融期权和期货等新的金融衍生产品。这标志着我国“高标准、稳起步”的金融衍生品市场正式成立。2010 年，沪深 300 股指期货在中国金融期货交易所推出。

截至 2020 年 11 月底，中国期货行业总资产、净资产、客户权益五年间分别增长 94.2%、62.4%、102.1%，达到 9 224.6 亿元、1 272.4 亿元和 7 741.2 亿元。金融衍生品市场的成立不仅能够丰富资本市场的产品，有助于投资者进行投资管理和风险回避，也是我国资本市场发展的一个里程碑，同时标志着我国资本市场不断成熟，已逐渐与国际金融市场接轨。

2）发展状况

我国期货市场经过 30 多年的发展，规模不断壮大，期货总成交额从 1993 年的 5 521.99 亿元，增长到 2021 年的 5 807 071 亿元（如表 3-5）。期货总成交额占 GDP 的比例呈 M 形增长，从 1993 年的 0.15，增长到 2015 年的 8.05，2021 年回落到 5.08（如图 3-7）。

表 3-5　我国期货发展规模

年份	期货总成交量（万手）	期货总成交额（亿元）	国内生产总值（亿元）	期货总成交额/GDP
1993	890.69	5 521.99	35 673.2	0.15
1994	12 110.72	31 601.41	48 637.5	0.65
1995	63 612.07	100 565.3	61 339.9	1.64
1996	34 256.77	84 119.16	71 813.6	1.17
1997	15 876.32	61 170.66	79 715	0.77
1998	10 445.57	36 967.24	85 195.5	0.43
1999	7 363.91	22 343.01	90 564.4	0.25
2000	5 461.07	16 082.29	100 280.1	0.16
2001	12 046.35	30 144.98	110 863.1	0.27
2002	13 943.37	39 490.28	121 717.4	0.32
2003	27 992.43	108 396.59	137 422	0.79
2004	30 569.76	146 935.32	161 840.2	0.91
2005	32 287.41	134 463.38	187 318.9	0.72

续表

年份	期货总成交量（万手）	期货总成交额（亿元）	国内生产总值（亿元）	期货总成交额/GDP
2006	44 950. 82	210 063. 37	219 438. 5	0. 96
2007	72 846. 08	409 740. 77	270 092. 3	1. 52
2008	136 395. 97	719 173. 33	319 244. 6	2. 25
2009	215 751. 76	1 305 142. 92	348 517. 7	3. 74
2010	312 890. 02	2 959 480. 02	412 119. 3	7. 18
2011	105 413. 75	1 375 176	487 940. 2	2. 82
2012	145 052. 57	1 711 269	538 580	3. 18
2013	206 177. 33	2 674 762. 02	592 963. 2	4. 51
2014	250 586	2 919 882	643 563. 1	4. 54
2015	357 791	5 542 312	688 858. 2	8. 05
2016	413 782	1 956 343	746 395. 1	2. 62
2017	307 106	1 878 951	832 035. 9	2. 26
2018	301 070	2 108 057	919 281. 1	2. 29
2019	392 157	2 905 856	986 515. 2	2. 95
2020	602 735	4 373 005. 25	1 013 567	4. 31
2021	726 924	5 807 071	1 143 669. 7	5. 08

数据来源：国家统计局。

图 3-7　期货成交规模

数据来源：国家统计局。

3.2.8　我国金融发展整体状况分析

1）金融深化

经济货币化进程是指一国以货币为媒介的交易份额在经济活动中逐渐提高的过程，它是金融深化和经济商品化的体现。1990 年以来，我国的经济货币化进程如表 3-6 所示，广义货币/GDP（M2/GDP）呈现持续上升状态，从 1990 年的 0.82 发展到 2014 年的 1.91，广义货币 M2 的规模也从 1990 年的 15 293.4 亿元发展到 2014 年的 1 228 374.81 亿元人民币，以上数据表明，我国金融深化进程取得了很大的进展。

从传统的金融深化指标（货币/GDP）来看，狭义货币/GDP（M1/GDP）和流通中的现金/GDP（M0/GDP）的波动性比较小，只有在严重通货膨胀时期才会有较大幅度的波动，而广义货币/GDP（M2/GDP）的波动幅度较大。从图 3-8 中可以看出，我国经济货币化程度的加深主要体现在居民和企业的定期储蓄（定期存款和储蓄存款等）的快速增加上，这说明我国金融系统的投资渠道和融资渠道并不通畅，金融市场并不发达。

表 3-6　货币供应量

年份	M2 供应量（亿元）	M1 供应量（亿元）	M0 供应量（亿元）	M2/GDP	M1/GDP	M0/GDP
1990	15 293.4	6 950.7	2 644.4	0.81	0.37	0.14
1991	19 349.9	8 633.3	3 177.8	0.88	0.39	0.14
1992	25 402.2	11 731.5	4 336	0.93	0.43	0.16
1993	34 879.8	16 280.4	5 864.7	0.98	0.46	0.16
1994	46 923.5	20 540.7	7 288.6	0.96	0.42	0.15
1995	60 750.5	23 987.1	7 885.3	0.99	0.39	0.13
1996	76 094.9	28 514.8	8 802	1.06	0.40	0.12
1997	90 995.3	34 826.3	10 177.6	1.14	0.44	0.13
1998	104 498.5	38 953.7	11 204.2	1.23	0.46	0.13
1999	119 897.9	45 837.3	13 455.5	1.32	0.51	0.15
2000	134 610.3	53 147.2	14 652.7	1.34	0.53	0.15
2001	158 301.9	59 871.59	15 688.8	1.43	0.54	0.14
2002	185 006.97	70 881.79	17 278.03	1.52	0.58	0.14

续表

年份	M2 供应量（亿元）	M1 供应量（亿元）	M0 供应量（亿元）	M2/GDP	M1/GDP	M0/GDP
2003	221 222. 8	84 118. 57	19 745. 9	1. 61	0. 61	0. 14
2004	254 107	95 969. 7	21 468. 3	1. 57	0. 59	0. 13
2005	298 755. 7	107 278. 8	24 031. 7	1. 59	0. 57	0. 13
2006	345 577. 9	126 028. 1	27 072. 62	1. 57	0. 57	0. 12
2007	403 442. 21	152 560. 08	30 375. 23	1. 49	0. 56	0. 11
2008	475 166. 6	166 217. 13	34 218. 96	1. 49	0. 52	0. 11
2009	610 224. 5	221 445. 8	38 247	1. 75	0. 64	0. 11
2010	725 851. 8	266 621. 5	44 628. 2	1. 76	0. 65	0. 11
2011	851 590. 9	289 847. 7	50 748. 46	1. 75	0. 59	0. 10
2012	974 148. 8	308 664. 2	54 659. 81	1. 81	0. 57	0. 10
2013	1 106 524. 98	337 291. 05	58 574. 44	1. 87	0. 57	0. 10
2014	1 228 374. 81	348 056. 41	60 259. 53	1. 91	0. 54	0. 09
2015	1 392 278. 11	400 953. 44	63 216. 58	2. 02	0. 58	0. 09
2016	1 550 066. 67	486 557. 24	68 303. 87	2. 08	0. 65	0. 09
2017	1 690 235. 31	543 790. 15	70 645. 6	2. 03	0. 65	0. 08
2018	1 826 744. 2	551 685. 9	73 208. 4	1. 99	0. 60	0. 08
2019	1 986 488. 82	576 009. 15	77 189. 47	2. 01	0. 58	0. 08
2020	2 186 795. 89	625 580. 99	84 314. 53	2. 16	0. 62	0. 08

数据来源：国家统计局。其中，M2 是货币和准货币，M1 是狭义货币，M0 是流通中的现金。

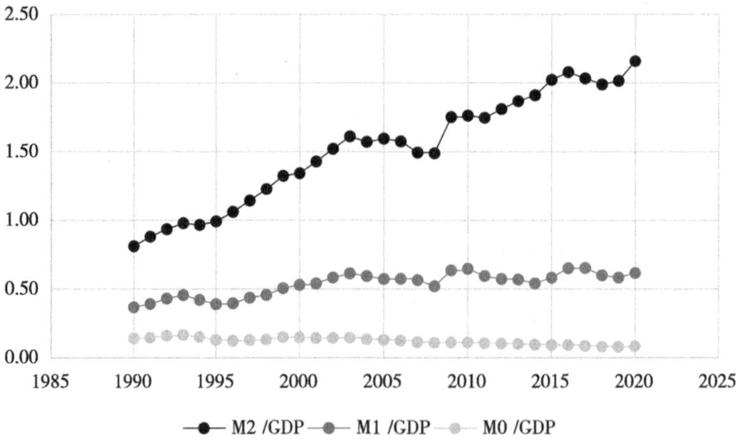

图 3-8 金融深化指标

2）金融相关比率

本书中的金融总资产由广义货币供应量、债券余额、贷款余额、股票市值和保费收入五个部分组成。经过整理得到的我国金融总资产和金融相关比率如表 3-7 所示。考虑到数据的可得性和统计口径，本章主要统计数据选取了 1990 年及以后的年份。

表 3-7 中国金融总资产规模

年份	M2（亿元）	贷款余额（亿元）	债券余额（亿元）	股票市值（亿元）	保费收入（亿元）	合计（亿元）	FIR
1990	15 293. 4	17 511. 02	1 085. 78	—	—	33 890. 2	1. 80
1991	19 349. 9	21 116. 39	1 391. 08	—	—	41 857. 37	1. 90
1992	25 402. 2	25 742. 81	2 104. 76	1 048. 15	—	54 297. 92	2. 00
1993	34 879. 8	32 955. 83	2 343. 14	3 541. 52	—	73 720. 29	2. 07
1994	46 923. 5	39 975. 09	2 968. 51	3 690. 62	376	93 933. 72	1. 93
1995	60 750. 5	50 544. 09	3 946. 91	3 474. 28	453	119 168. 8	1. 94
1996	76 094. 9	61 156. 55	4 959. 16	9 842. 39	538	152 591	2. 12
1997	90 995. 3	74 914. 07	6 029. 95	17 529. 24	773	190 241. 6	2. 39
1998	104 498. 5	86 524. 13	8 442. 63	19 521. 81	1 256	220 243. 1	2. 59
1999	119 897. 9	93 734. 28	11 320. 63	26 471. 18	1 406	252 830	2. 79
2000	134 610. 3	99 371. 07	13 881. 63	48 090. 94	1 598	297 551. 9	2. 97
2001	158 301. 9	112 314. 7	15 618	43 522. 2	2 109	331 865. 8	2. 99
2002	185 007	131 293. 9	19 336. 1	38 329. 13	3 054	377 020. 1	3. 10
2003	221 222. 8	158 996. 2	22 603. 6	42 457. 72	3 880	449 160. 4	3. 27
2004	254 107	178 197. 8	25 777. 6	37 055. 57	4 318	499 456	3. 09
2005	298 755. 7	194 690. 4	28 774	32 430. 28	4 927	559 577. 4	2. 99
2006	345 577. 9	225 347. 2	31 448. 7	89 403. 89	5 641	697 418. 7	3. 18
2007	403 442. 2	261 690. 9	56 922. 73	327 141	7 036	1 056 233	3. 91
2008	475 166. 6	303 394. 6	105 408. 88	121 366. 4	9 784	1 015 121	3. 18
2009	610 224. 5	399 684. 8	134 048	243 939. 1	11 137	1 399 033	4. 01
2010	725 851. 8	479 195. 6	164 730. 15	265 422. 6	14 528	1 649 728	4. 00
2011	851 590. 9	547 946. 7	200 052. 8	214 758. 1	14 339	1 828 687	3. 75
2012	974 148. 8	629 909. 6	251 666. 98	230 357. 6	15 488	2 101 571	3. 90

续表

年份	M2（亿元）	贷款余额（亿元）	债券余额（亿元）	股票市值（亿元）	保费收入（亿元）	合计（亿元）	FIR
2013	1 106 525	718 961. 5	299 152. 65	239 077. 2	17 222	2 380 938	4. 02
2014	1 228 375	816 770	352 840. 25	372 547	20 235	2 790 767	4. 34
2015	1 392 278	939 540. 2	487 494. 58	531 462. 7	24 283	3 375 059	4. 90
2016	1 550 067	1 066 040	637 950	507 685. 9	30 904. 15	3 792 647	5. 08
2017	1 690 235	1 201 321	744 104	567 086. 1	36 581	4 239 328	5. 10
2018	1 826 744	1 362 967	859 807	434 924	38 017	4 522 459	4. 92
2019	1 986 489	1 531 123	989 950	592 934. 6	42 644. 8	5 143 141	5. 21
2020	2 186 796	1 727 452	1 167 200	797 238. 2	45 257. 3	5 923 943	5. 84

数据来源：国家统计局、中国人民银行。

从表 3-7 中可以看出，1990 年以后，我国的金融总资产增长迅速，从 1990 年的 33 890. 2 亿元，增长到 2020 年的 5 923 943 亿元，增长 170 多倍，年增长速度超过 19%。

从图 3-9 中可以看出，金融相关比率同样得到了稳步提升，从 1990 年的 1. 80 增长到 2020 年的 5. 84。从金融相关比率可以看出，我国的金融发展主要表现在存款增长上，股票和债券等非货币金融工具并未成为社会融资的主体，除了储蓄功能比较发达外，我国的金融发展水平还比较落后。这也从侧面印证了发展中国家具有更强的流动性偏好的假说。

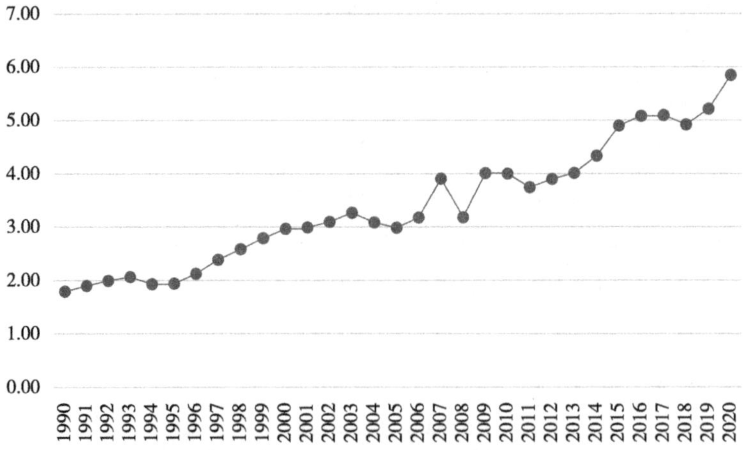

图 3-9　1990—2020 年中国的金融相关率

3.3 金融发展指标体系构建与评价

金融发展一般体现在金融机构的扩张和金融资产规模的扩大，金融资源与金融结构质量的提高，金融体系的不断完善以及金融效率的提升等方面。本书的金融发展指数从金融发展规模、金融发展效率、金融发展结构三个维度构建金融发展综合指标，并对金融发展程度进行综合评价。

3.3.1 因子分析

本书采用因子分析的方法构造指标体系。因子分析常被用来寻找判断事物或现象的综合指标，并对综合指标所包含的信息进行适当的解释。因子分析是通过降维思想，把多个指标转化为少数代表性指标的统计方法。

假设有 n 个样品，每个样品可以观测到 p 个变量，而且这 p 个变量之间有较强的相关性，那么这 p 个指标就构成了随机向量 $X=(X_1, X_2, \cdots, X_p)'$。

如果：

$E(X)=0$，$\mathrm{cov}(X)=\sum$。

$F=(F_1, F_2, \cdots, F_p)'$，$E(F)=0$，$\mathrm{cov}(F)=I$

$\varepsilon=(\varepsilon_1, \varepsilon_2, \cdots, \varepsilon_p)'$，$\varepsilon$ 与 F 相互独立。$E(\varepsilon)=0$，$\mathrm{cov}(F)=I$，且

$$\mathrm{cov}(\varepsilon)=\sum=\begin{bmatrix}\sigma_{11}^2 & \cdots & 0\\ \vdots & \ddots & \vdots\\ 0 & \cdots & \sigma_{pp}^2\end{bmatrix}$$

则把下面这个模型称为因子模型：

$$\begin{cases}X_1 = a_{11}F_1 + a_{12}F_2 + \cdots + a_{1m}F_m + \varepsilon_1\\ X_2 = a_{21}F_1 + a_{22}F_2 + \cdots + a_{2m}F_m + \varepsilon_1\\ \qquad\qquad\vdots\\ X_p = a_{p1}F_1 + a_{p2}F_2 + \cdots + a_{pm}F_m + \varepsilon_1\end{cases}$$

因子模型的矩阵表达式为：

$$X = AF + \varepsilon$$

其中：$A=\begin{bmatrix}a_{11} & \cdots & 0\\ \vdots & \ddots & \vdots\\ a_{p1} & \cdots & \sigma_{pp}^2\end{bmatrix}$，称为因子载荷矩阵。因子载荷 $a_{ij}=\mathrm{cov}(X_i, F_j)$。

因子分析的步骤：

第一，根据研究的问题选择适当的变量。

第二，对原始变量进行标准化处理，以消除变量在水平和量纲上的差异。

第三，根据标准化后的数据求出样本相关阵，分析变量之间的相关性。

第四，求解初始公因子及因子载荷矩阵。

第五，因子旋转。

第六，计算因子得分。

最后，根据因子得分作进一步分析。

3.3.2 指标选取原则

为了保证金融发展指标体系构建的合理性，本书在构建指标体系时，主要遵循科学性、可比性、系统性三个准则。

1）科学性原则

科学性是构建指标体系的重要原则之一，即要求所选择的指标能够全面、客观反映真实情况。各子指标应该具有典型性，不能过于繁琐、重叠、不合逻辑，或者遗漏重要信息。本书在构建金融发展指标体系时，一共选取了三个二级指标，设置20个三级指标，这些指标能够全面、真实地反映我国金融发展的具体状况。

2）可比性原则

各指标的选取，应当具有相同的计量尺度和计算方法，这样才能满足数据的可比性。本书选择的指标具备可搜集、可操作、可对比的性质。本书对原始数据进行收集时，在内容上和时间上均保持数据的一致性。原始数据收集后使用相同的数据处理方法，以便于进一步的数学计算与分析。

3）系统性原则

系统性原则是指各个指标之间要有逻辑性，不仅要反映整体状况，而且要求各子指标之间相互独立又彼此联系，共同构成一个有机整体。本书构建的指标体系，不仅考虑了金融发展规模、金融发展效率、金融发展结构等总体指标，还考虑了银行、证券、保险、债券等金融行业的发展指标，能够综合反映我国金融发展真实状况，满足系统性原则。

3.3.3 指标选取

金融发展规模、金融发展效率和金融发展结构是衡量金融体系常用的三个维度。本书从金融发展规模、金融发展效率和金融发展结构三个维度构建我国金融发展指标体系。具体指标选取如表 3-8 所示。

表 3-8 金融发展指标选取

指标	单位	备注
M2/GDP	%	货币和准货币（M2）供应量/国内生产总值
贷款余额/GDP	%	金融机构资金运用各项贷款/国内生产总值
存款余额/GDP	%	金融机构资金来源各项存款/国内生产总值
上市公司数量	家	境内上市公司数（A、B 股）
股票市值/GDP	%	股票市值/国内生产总值
股票成交额/GDP	%	股票成交额/国内生产总值
股票流通市值/GDP	%	股票流通市值/国内生产总值
保险深度	%	保险公司保费/国内生产总值
债券余额/GDP	%	债券余额/国内生产总值
金融业增加值/GDP	%	金融业增加值/国内生产总值
期货成交额/GDP	%	期货成交额/国内生产总值
存贷比	%	金融机构资金运用各项存款/金融机构资金运用各项贷款
储蓄率	%	总储蓄/总产出
股票成交额/股票市值	%	—
保险赔付率	%	当年保险赔付额/当年保费收入
保险密度	元/人	保险公司保费/人口
企业债发行额/国债发行额	%	—
融资结构	%	直接融资总额/社会融资总额=（企业债券+非金融企业股票）/社会融资总额
金融相关比率	%	金融总资产/国内生产总值
社会融资比率	%	社会融资总额//国内生产总值

金融体系的规模越大，能够利用的金融资源就越多。目前，我国有银行、股票、债券、保险等金融部门，各部门的规模在不断增大，因此需要综合度量金融发展的整体规模。金融发展规模指标我们选取银行、证券、保险、债券等不同金融部门的总量指标进行衡量。银行部门的发展规模主要以存款余额和贷款余额、M2 供应量进行衡量；股票市场主要以上市公司数量和股票市值反映其发展规模；保险市场主要以保费收入反映其发展规模；债券市场发展规模主

要以债券期末余额进行衡量；全社会整体融资规模用社会融资规模指标来衡量。为了保证数据的可比性，以上指标均除以当年的国内生产总值，从而得到相对数。

金融发展效率越高，市场通过较低的成本获得金融资源的能力也越强。我国金融发展效率取决于各个金融部门的融资效率，因此需要综合评价。金融发展效率指标我们选取银行、证券、保险、债券、期货等金融部门的效率指标进行衡量。银行部门的发展效率主要采用存贷比和储蓄率进行衡量；股票市场的发展效率主要采用股票成交额/GDP 来衡量；保险市场的发展效率采用保险赔付率和保险密度进行衡量；期货市场的发展效率主要采用期货成交额/GDP 来衡量。

金融发展结构是指构成金融发展总体的各个组成部分间的相对结构，主要指金融业内部结构、金融资产的构成结构、直接融资与间接融资结构等。金融发展结构指标我们选取企业债发行额/国债发行额、融资结构、金融相关比率等指标进行衡量。其中，金融相关比率是衡量金融发展结构的常用指标。融资结构为直接融资总额/社会融资总额，反映企业债券和非金融企业股票占社会融资总额的比例。

3.3.4 数据来源及处理

本书根据表 3-8 中选取的指标，收集我国金融业相关数据作为样本，运用因子分析方法，构造金融发展指标体系，计算出相应的金融规模指数、金融效率指数和金融结构指数，并在此基础上得出金融发展综合指数。由于社会融资总额从 2002 年开始统计，本书选择 2002—2021 年作为样本期间。数据来源为历年《中国统计年鉴》、国家统计局网站、中国人民银行、中经网等。相关变量的描述性统计如表 3-9 所示。

表 3-9 变量描述性统计

变量	单位	样本量	均值	标准差	中位数	最小值	最大值
M2/GDP	%	20	180. 32	22. 27	178. 50	148. 84	215. 75
贷款余额/GDP	%	20	125. 33	22. 81	116. 62	95. 04	170. 43
存款余额/GDP	%	20	173. 49	22. 58	172. 89	140. 42	209. 73
上市公司数量	家	20	245 455	104 158	241 550	122 400	461 500
股票市值/GDP	%	20	55. 07	24. 45	52. 60	17. 31	121. 12

续表

变量	单位	样本量	均值	标准差	中位数	最小值	最大值
股票成交额/GDP	%	20	117.19	85.92	106.72	16.90	370.26
股票流通市值/GDP	%	20	35.86	19.96	36.47	5.68	65.71
保险深度	%	20	3.32	0.68	3.10	2.51	4.47
债券余额/GDP	%	20	49.16	32.49	43.86	14.33	116.39
期货成交额/GDP	%	20	304.96	210.21	271.97	32.44	804.57
存贷比	%	20	139.74	9.99	142.85	120.53	153.66
储蓄率	%	20	46.43	2.98	45.99	38.82	50.65
股票成交额/股票市值	%	20	193.47	91.26	198.79	73.03	479.91
保险赔付率	%	20	29.36	4.87	30.41	21.68	36.08
保险密度	元/人	20	1 424.80	1 039.42	1 111.46	237.75	3 204.90
企业债发行额/国债发行额	%	20	94.90	68.16	96.27	4.72	242.29
融资结构	%	20	12.32	5.71	12.35	3.10	24.00
金融业增加值/GDP	%	20	6.25	1.47	6.28	4.00	8.25
金融相关比率	%	20	417.76	92.23	400.86	298.73	584.39
社会融资比率	%	20	25.58	6.21	24.75	16.02	39.91

3.3.5 实证分析

1）相关系数矩阵与变量选择

通过计算以上20个变量的样本相关系数矩阵和偏相关系数矩阵，发现存贷比、储蓄率和保险赔付率与其他变量的相关性不显著，不适合作因子分析，故删除以上三个变量后进行KMO和巴特利特球体检验。

KMO和巴特利特球体检验用于检验数据是否适合作因子分析。KMO检验是对变量之间的相关性与偏相关性的相对大小进行检验。KMO测度值的取值范围为0~1，KMO取值越趋近于1，表示变量间的相关性越强，偏相关性越弱，因子分析的效果越好。一般情况下，KMO取值大于0.9为非常适合，0.8~0.9为很适合，0.7~0.8为适合，0.5以下为不适合作因子分析。巴特利特球体检验的原假设是相关矩阵是单位阵（即该矩阵没有显著的相关关系），如果不能拒绝原假设，说明变量间相互独立，不适宜作因子分析。

由SPSS输出结果（如表3-10）可知，KMO的测度值为0.709，巴特利特

球体检验的 P 值小于 0.01，说明数据适合作因子分析。

表 3-10　KMO 和巴特利特球体检验

KMO 检验		0.709
巴特利特球体检验	卡方	670.303
	自由度	136
	显著性	0.000

2）公因子提取

采用主成分方法提取公因子。由公因子方差表（如表 3-11）可知，公因子对 17 个原始变量信息的解释程度都大于 70%，说明提取的公因子能够解释原始变量大部分的信息。

表 3-11　公因子方差表

	初始	提取
M2/GDP	1.000	0.953
贷款余额/GDP	1.000	0.983
存款余额/GDP	1.000	0.952
境内上市公司数（A、B 股）	1.000	0.959
股票市值/GDP	1.000	0.782
股票成交额/GDP	1.000	0.957
股票流通市值/GDP	1.000	0.945
保险深度	1.000	0.863
债券余额/GDP	1.000	0.882
期货成交额/GDP	1.000	0.772
存贷比	1.000	0.818
股票成交额/股票市值	1.000	0.844
保险密度	1.000	0.969
企业债发行额/国债发行额	1.000	0.877
融资结构	1.000	0.808
金融业增加值/GDP	1.000	0.932
金融相关比率	1.000	0.988

由总方差解释表（如表 3-12 和表 3-13）可以看出，在提取前三个公因子后，累计方差贡献率达到 89%以上，说明提取三个公因子比较合适，且能够解

释原始变量89%以上的信息。

表3-12 总方差解释表

成分	初始特征			提取的累计方差贡献率		
	特征值	方差百分比（%）	累计百分比（%）	特征值	方差百分比（%）	累计百分比（%）
1	11.721	68.949	68.949	11.721	68.949	68.949
2	2.361	13.886	82.835	2.361	13.886	82.835
3	1.199	7.052	89.886	1.199	7.052	89.886
4	0.549	3.227	93.113			
5	0.401	2.361	95.475			
6	0.343	2.020	97.495			
7	0.131	0.770	98.266			
8	0.116	0.680	98.946			
9	0.083	0.487	99.433			
10	0.044	0.259	99.691			
11	0.037	0.219	99.910			
12	0.009	0.052	99.962			
13	0.003	0.018	99.980			
14	0.002	0.011	99.992			
15	0.001	0.006	99.998			
16	0.000	0.002	100.000			
17	0.000	0.000	100.000			

表3-13 因子旋转后的总方差解释表

成分	初始特征			旋转后的累计方差贡献率		
	特征值	方差百分比（%）	累计百分比（%）	特征值	方差百分比（%）	累计百分比（%）
1	11.721	68.949	68.949	8.207	48.277	48.277
2	2.361	13.886	82.835	4.362	25.658	73.935
3	1.199	7.052	89.886	2.712	15.951	89.886
4	0.549	3.227	93.113			
5	0.401	2.361	95.475			

续表

成分	初始特征			旋转后的累计方差贡献率		
	特征值	方差百分比（%）	累计百分比（%）	特征值	方差百分比（%）	累计百分比（%）
6	0.343	2.020	97.495			
7	0.131	0.770	98.266			
8	0.116	0.680	98.946			
9	0.083	0.487	99.433			
10	0.044	0.259	99.691			
11	0.037	0.219	99.910			
12	0.009	0.052	99.962			
13	0.003	0.018	99.980			
14	0.002	0.011	99.992			
15	0.001	0.006	99.998			
16	0.000	0.002	100.000			
17	0.000	0.000	100.000			

由碎石图（如图3-10）可以看出，公因子1与公因子2、公因子2与公因子3、公因子3与公因子4之间的特征值之差比较大，其余公因子之间的特征值差值均比较小，也可以得出结论：提取三个公因子较为合适。

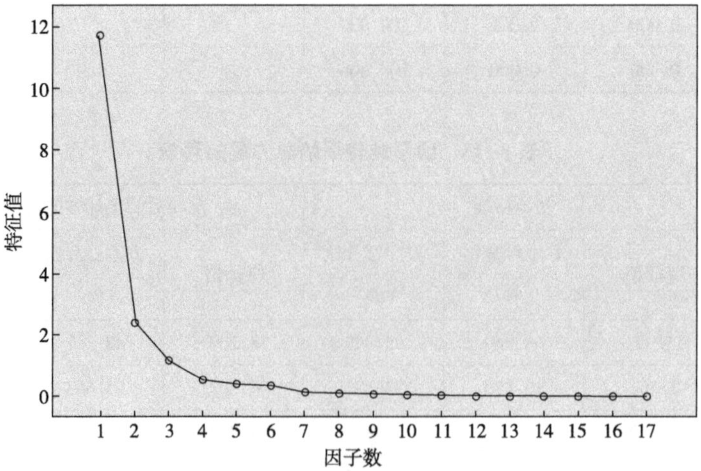

图3-10　碎石图

3）公因子命名

采用方差最大化正交因子旋转后，得到旋转后的因子载荷矩阵（如表3-14）。可以看到，旋转后的第一个因子与贷款余额/GDP、保险密度、上市公司数量、保险深度、金融相关比率、M2/GDP、存贷比、存款余额/GDP、金融业增加值/GDP、债券余额/GDP 的因子载荷系数很高，而这些变量主要反映了金融发展规模。因此，本书把第一个因子定义为金融发展规模指标。

表 3-14　旋转后的因子载荷矩阵

	成分		
	1	2	3
贷款余额/GDP	0.958	0.232	0.106
保险密度	0.923	0.282	0.195
境内上市公司数（A、B股）	0.905	0.273	0.256
保险深度	0.867	0.316	0.111
金融相关比率	0.851	0.483	0.174
M2/GDP	0.843	0.322	0.373
存贷比	-0.833	0.152	0.318
存款余额/GDP	0.831	0.386	0.335
债券余额/GDP	0.806	0.382	0.293
金融业增加值/GDP	0.799	0.339	0.424
股票成交额/GDP	0.316	0.909	0.177
股票市值/GDP	0.215	0.85	-0.111
股票成交额/股票市值	0.317	0.754	0.418
股票流通市值/GDP	0.636	0.655	0.332
期货成交额/GDP	0.18	0.652	0.561
企业债发行额/国债发行额	0.177	0.017	0.919
融资结构	0.215	0.559	0.67

第二个因子与股票成交额/GDP、股票市值/GDP、股票成交额/股票市值、股票流通市值/GDP、期货成交额/GDP 的因子载荷系数很高，这些变量主要反映了金融市场运行效率。因此，本书把第二个因子定义为金融发展效率指标。

第三个因子与企业债发行额/国债发行额和融资结构有较高的因子载荷系数，这两个指标主要与融资结构有关。因此，本书把第三个因子定义为金融发展结构指标。

在 17 个原始指标的基础上，通过因子分析，可得到最终的金融发展综合评价指标体系，如表 3-15 所示。

表 3-15　金融发展水平综合评价指标体系

一级指标	二级指标	三级指标	单位
金融发展指标	金融发展规模指标	贷款余额/GDP	%
		保险密度	元/人
		上市公司数量	家
		保险深度	%
		金融相关比率	%
		M2/GDP	%
		存贷比	%
		存款余额/GDP	%
		债券余额/GDP	%
		金融业增加值/GDP	%
	金融发展效率指标	股票成交额/GDP	%
		股票市值/GDP	%
		股票成交额/股票市值	%
		股票流通市值/GDP	%
		期货成交额/GDP	%
	金融发展结构指标	企业债发行额/国债发行额	%
		融资结构	%

因子得分系数矩阵（如表 3-16）给出了三个公因子关于原始变量的线性关系，在此基础上，我们可以得到三个公因子的表达式：

$$F_1 = 0.105x_1 + 0.162x_2 + 0.095x_3 + 0.134x_4 - 0.076x_5 - 0.083x_6 + 0.013x_7 + 0.129x_8 + 0.094x_9 - 0.1x_{10} - 0.224x_{11} - 0.077x_{12} + 0.141x_{13} - 0.029x_{14} - 0.086x_{15} + 0.089x_{16} + 0.096x_{17}$$

$$F_2 = -0.066x_1 - 0.059x_2 - 0.023x_3 - 0.070x_4 + 0.413x_5 + 0.352x_6 + 0.140x_7 - 0.005x_8 - 0.011x_9 + 0.149x_{10} + 0.120x_{11} + 0.215x_{12} - 0.052x_{13} - 0.255x_{14} + 0.070x_{15} - 0.064x_{16} + 0.063x_{17}$$

$$F_3 = 0.096x_1 - 0.059x_2 + 0.056x_3 + 0.030x_4 - 0.305x_5 - 0.143x_6 - 0.001x_7 - 0.071x_8 + 0.032x_9 + 0.178x_{10} + 0.222x_{11} + 051x_{12} - 0.013x_{13} - 0.570x_{14} + 0.269x_{15} + 0.127x_{16} - 0.073x_{17}$$

表 3-16 因子得分系数矩阵

	成分		
	1	2	3
M2/GDP	0.105	-0.066	0.096
贷款余额/GDP	0.162	-0.059	-0.059
存款余额/GDP	0.095	-0.023	0.056
境内上市公司数（A、B股）（家）	0.134	-0.070	0.030
股票市值/GDP	-0.076	0.413	-0.305
股票成交额/GDP	-0.083	0.352	-0.143
股票流通市值/GDP	0.013	0.14	-0.001
保险深度（保险公司保费/GDP）	0.129	-0.005	-0.071
债券余额/GDP	0.094	-0.011	0.032
期货成交额/GDP	-0.100	0.149	0.178
存贷比	-0.224	0.120	0.222
股票成交额/股票市值	-0.077	0.215	0.051
保险密度（保险公司保费/人口）	0.141	-0.052	-0.013
企业债发行额/国债发行额	-0.029	-0.255	0.570
融资结构=直接融资/社会融资总额	-0.086	0.070	0.269
金融业增加值/GDP	0.089	-0.064	0.127
金融相关比率	0.096	0.063	-0.073

4）因子得分

由以上因子得分表达式可以得到因子得分，即金融发展水平综合评价表（如表 3-17）。由表 3-17 可以绘制出 2002—2021 年我国金融发展规模指数、金融发展效率指数、金融发展结构指数以及金融发展水平综合指数的变化趋势图。

表 3-17 金融发展水平综合评价表

年份	金融发展规模	金融发展效率	金融发展结构	金融发展水平
2002	-0.43	-0.99	-1.33	-2.75
2003	-0.21	-1.03	-1.36	-2.61
2004	-0.45	-0.99	-1.09	-2.53
2005	-0.79	-1.07	-0.36	-2.22
2006	-0.96	-0.52	-0.48	-1.95
2007	-1.35	1.83	-1.75	-1.27

续表

年份	金融发展规模	金融发展效率	金融发展结构	金融发展水平
2008	-1.15	-0.20	0.57	-0.79
2009	-0.72	0.82	-0.06	0.04
2010	-0.64	0.84	0.33	0.53
2011	-0.51	-0.32	0.85	0.02
2012	-0.33	-0.96	1.76	0.47
2013	-0.22	-0.60	1.32	0.50
2014	-0.07	-0.31	1.72	1.34
2015	-0.45	2.58	0.85	2.98
2016	0.70	0.56	0.47	1.74
2017	1.21	0.07	-0.78	0.50
2018	1.24	-0.63	0.02	0.62
2019	1.56	-0.33	0.04	1.26
2020	1.84	0.54	-0.35	2.03
2021	1.74	0.73	-0.36	2.10

从图 3-11 可以看出，2002—2021 年我国金融发展规模指数整体呈上升趋势。其中 2003—2007 年呈下降态势，2007—2008 年处于低谷，可能与 2008 年全球金融危机有关。2008—2021 年呈上升态势，并在 2020 年达到了峰值 1.84。总体来看，2002 年以来，我国金融发展在规模上取得了快速发展。

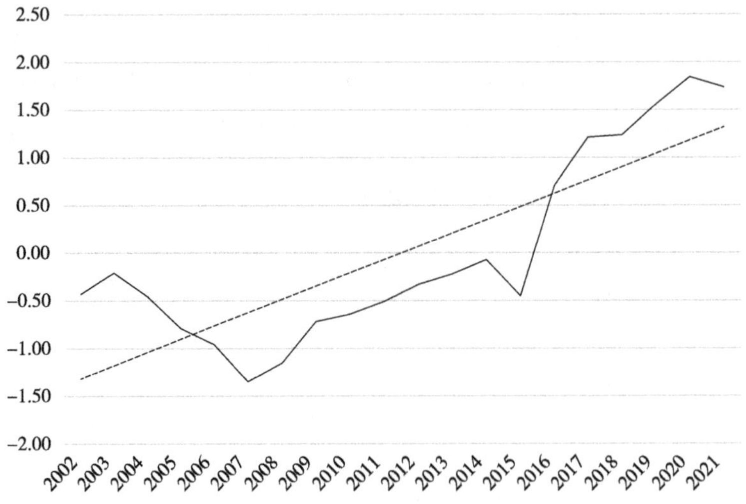

图 3-11 金融发展规模指数

由图 3-12 可以看出，2002—2021 年我国金融发展效率指数整体呈上升趋势，但波动较大。其中，金融发展效率指数 2007 年达到 1.83，2015 年达到 2.58，这些大幅震荡可能与 2008 年全球金融危机以及 2015 年股市异常波动有关。

图 3-12　金融发展效率指数

由图 3-13 可以看出，2002—2021 年我国金融发展结构指数总体上略有上升，但增幅不大。这可能是由于金融发展结构指数的主要指标（企业债发行额/国债发行额）增幅较小。

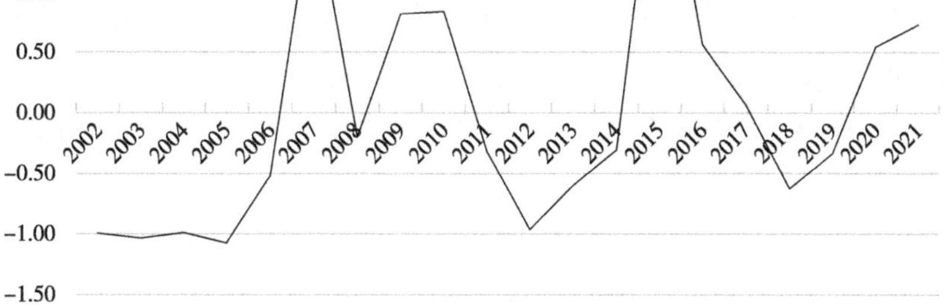

图 3-13　金融发展结构指数

综合以上金融发展规模、金融发展效率和金融发展结构三个公共因子，通过直接将三个因子加总的方式，可得到各年度未加权的综合因子，作为我国金融发展水平综合指数。由图 3-14 可以看出，2002—2021 年我国金融发展指数总体上呈上升趋势，由 2002 年的-2.75，增长到 2021 年的 2.10，说明 2002 年以来我国金融发展处于稳定发展阶段。

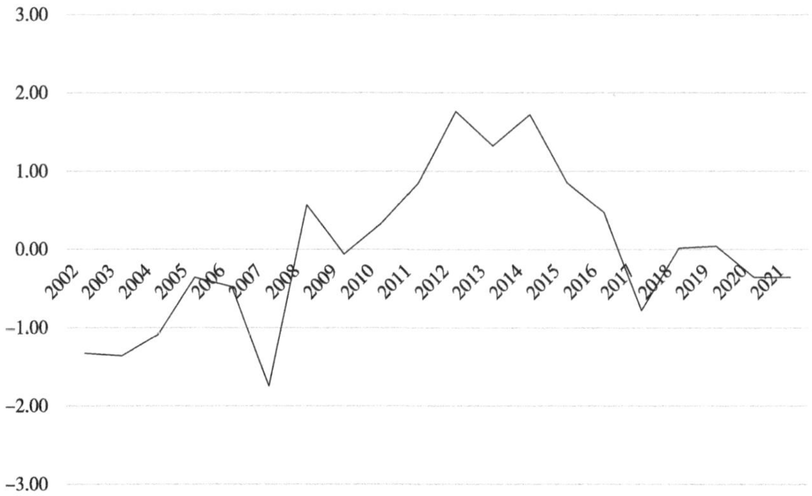

图 3-14　金融发展水平综合指数

3.4　本章小结

本章系统梳理了国内外金融发展指标体系的相关理论，并对我国金融体系发展历程以及主要金融市场的发展状况进行了总结。在此基础上，采用因子分析方法构造了我国金融发展指标体系。鉴于数据的可得性，本章主要测度了 2002—2021 年我国的金融发展水平。研究发现，在过去的 20 年间，我国金融发展综合指数处于稳定发展阶段，其中金融发展规模指数增幅较大，发展较快；金融发展效率指数和金融发展结构指数增幅较小，这可能是制约金融发展整体水平的原因。

4 门限回归模型

4.1 引言

门限回归模型（Threshold Regression Models）是一种常见的非连续回归模型（Discontinuous Regression Models），该模型可以看成断点（Break Point）回归模型的一种推广。断点回归模型是以时间为指标分割样本，而门限回归模型则是以某个特定的指标来分隔样本。尽管分割样本的指标不同，但是两者本质上都是在分割样本，并在分割的子样本内分别进行回归①。事实上，一旦样本的分割结果给定，两者都是作标准的普通最小二乘回归。由于模型的相似性，两类模型渐近理论（Asymptotic Theory）的处理方式以及结论也非常类似。

本章将阐述门限模型的一些理论结果，并给出动态门限面板模型的一个估计方法。本章的贡献主要包括两个方面：

首先，本章指出了门限回归模型的渐近理论可以在经典的 M-估计理论（M-estimation Theory）的框架内统一看待。这一观点是由本书首次提出的。我们将看到通过应用经典的参数估计一致性定理和 Argmax 连续映射定理，门限模型参数的一致性和渐近分布（理论研究最重要的两个问题）都可以有效地解决。这种统一的观点对我们更深入地认识门限模型有很大的帮助。

其次，本书提出了一套新的估计动态门限面板数据模型的估计方法。虽然静态门限面板研究的文献非常丰富，但是关于动态门限面板模型的文章并不多见。克雷默、比克和诺茨（Kremer，Bick and Nautz，2012）提出了一种估计动态面板的方法。但他们的估计没有注意到门限模型是一个非线性特征。事

① 如果是部分门限回归模型，即部分解释变量系数有门限效应，部分解释变量系数没有门限效应，则估计可以视为一个受约束的回归。

实上，任何处理线性模型固定效应的方法都不适用于非线性模型①，所以他们给出的方法其实不能给出参数的一致估计。借鉴 TAR 模型（Threshold Autoregressive Models）的估计思路，本书提出了一套新的估计方法，这一方法是可以给出参数一致估计的。为了证明这一点，我们设计了一个计算机模拟试验。从试验的结果来看，我们提出的估计量的表现与我们的预期是相符的。

本书没有推导新估计量，但是根据现有的 TAR 模型和门限模型的估计理论，我们推测本书提出的估计量的渐近性质应该与现有的理论结果一致。特别地，估计量应该具有 Oracle 特征：被估系数在门限值未知时的渐近分布应该与门限值取真值时的渐近分布是一样的。依据这一性质，我们仍然可以作各种形式的统计推断。

本章的结构是这样安排的：第二节简单介绍门限回归模型的发展历程。我们可以看到门限模型已有 40 多年的历史，与之相关的理论文献非常丰富。第三节则在 M-估计理论的理论框架内，阐述一个经典门限回归模型的渐近理论结果。第四节给出一个动态门限面板模型的估计方法，并通过计算机模拟证明估计方法的正确性。本节的估计方法以及相关结果，将应用到下一章的实证研究中。第五节给出动态门限面板模型的偏误矫正方法。第六节是本章的结论。

4.2 门限回归模型发展历程

门限模型最早可以追溯至汤家豪（Howell Tong，1978）年的一篇文献②，其后该模型变得越来越流行。早期门限模型的重要工作包括蔡（Tsay，1989、1998）、陈（Chan，1993）、陈和蔡（Chan and Tsay，1998）等。经典的门限回归模型的表达式是

$$y_i = x_i'\beta_1 1(z_t \leqslant q) + x_i'\beta_2 1(q_i > \gamma) + e_i$$

这里 y_i 是被解释变量，而 x_i 是一个 k 维的外生（exogenous）解释变量，而 q_i 是一维的外生门限变量（Threshold Variable），γ 则是门限临界值，e_i 是随机扰

① 见本章第三节更详细的说明。

② 汤家豪的这篇文献是 *On a Threshold Model*。对于这篇早期文献，相关学术搜索引擎大多没有详细的信息，但是与门限模型相关的很多论文都提及了这一文献。

动项。在这个模型中，随着门限变量 q_i 取值的不同，被解释变量 y_i 和解释变量 x_i 的关系可能为系数 β_1 所刻画，也可能为系数 β_2 所刻画。

早期门限模型研究主要集中在 TAR（Threshold Auto Regression）模型领域。蔡（Tsay，1989）提出了一种方法来检验门限效应的存在，该方法计算比较简单，但是并不属于经典检验的范畴。蔡（Tsay，1998）将其结果推广到多变量的情形。陈（Chan，1993）用普通最小二乘方法估计了 TAR 模型，并推导出了估计量的渐近分布。陈（Chan，1993）的理论基于 $\beta_2-\beta_1$ 是非零常数的假定。在这一假定下，门限值估计量的渐近分布是离散的，并受到了很多无关参数（Nuisance Parameters）的干扰，给实际应用造成了不小的困难。

20 世纪 90 年代，随着经济理论的不断发展，经济存在多均衡态的情形受到越来越多的重视。门限模型跟经济的多均衡分析可以很好地契合在一起，即系数 β_1 对应着经济的一个均衡态，而系数 β_2 对应着经济的另一个均衡态。在此背景下，门限回归模型受到了经济学家的重视，应用门限回归模型的理论和实证文献开始大量涌现。

汉森（Hansen，2000）考察了一个更一般的门限回归模型，在这个模型内，估计量允许有外生解释变量和前定变量，而不是陈（Chan）所考察的 TAR 模型。与陈（Chan，1993）的理论分析相比，汉森研究工作的一个主要区别是假定 $\beta_2-\beta_1$ 是以 $cn^{-\alpha}$ 速度收敛到 0 的，而不是一个固定的常数。汉森的这一处理源于断点文献中一个人们早已熟知的结果：如果断点前后系数的差异是一个常数，则断点位置估计量的分布是离散的，且依赖于无关参数；如果断点前后系数的差异是收敛于 0 的，则断点位置估计量的分布收敛于某个带漂移的布朗运动的极值点，该分布是非标准的，但仅依赖于非常少的几个参数，见白（Bai，1997）、白（Bai，1998）的讨论[①]。在 $\beta_2-\beta_1$ 收敛的条件下，汉森做了如下几个方面的工作：一是研究了估计量的渐近分布，特别是门限估计量的渐近分布，他发现门限回归临界值的估计量的渐近分布和断点文献中给出的渐近分布是一样的；二是研究了应该使用门限模型还是线性模型的检验。尽管这一问题仍然属于嵌套型检验的范畴（因为线性模型可以看成是门限模型的特例），但是在线性模型的假定下，门限值处于不可识别的状态，因此检验与通

① 直观地看，如果不引入退化系数的假定，则很多项处于同一量级上；但是引入这一假定后，只有两项处于这一量级上，所以渐近分布极大简化，并不依赖于无关参数。

常的 Wald 检验或者似然比检验有所区别①。汉森的研究显示，似然比检验可以使用，不过其分布形态是非标准的，其临界值可以通过抽样技术（Sampling Method）获取。

汉森（Hansen，1999）将传统的门限回归模型推广到面板数据背景下：

$$y_{it} = \alpha_i + x'_{it}\beta_1 1(z_{it} \leqslant q) + x'_{it}\beta_2 1(z_{it} > q) + e_{it}$$

上面模型的一个典型特征是门限效应只出现在了被解释变量的系数中。汉森（Hansen，1999）指出，虽然现有的组间变换都是针对线性方程，但是由于截距项没有门限效应，我们仍然可以对上面的非线性方程进行组间变换。变换之后，方程的设定形式发生了变化，但仍然是一个标准的门限模型（这一点要感谢门限模型在子样本内的线性特征）。据此，汉森（Hansen，1999）研究了该模型的估计问题，以及与之相关的统计推断理论。

卡纳和汉森（Caner and Hansen，2001）考察了非平稳 TAR 模型的估计与推断理论问题。由于在非平稳领域，渐近理论都是建立在一些随机积分的基础上的，在非平稳 TAR 模型中，其渐近理论的结论与平稳时的结果大不相同。他们研究发现，检验门限效应的统计量是两个独立随机过程的和，而且其中的一个过程是由随机积分表示的。由此，该检验需要用抽样方法获得临界值。为此，他们考虑用自助法（Bootstrap）来实现其检验，同时还考察了单位根检验。此时备选假定存在多种可能性：一个区制是平稳的、一个区制是非平稳的；两个区制都是平稳的以及门限效应是可以识别的以及门限效应是不可识别的，因此检验需要分别对待。他们的研究发现，单位根检验的最终分布也不同于通常的 Dickey-Fuller 分布，同样需要通过自助法获取检验的临界值。

尽管在汉森（Hansen，1999，2000）、卡纳和汉森（Caner and Hansen，2001）之后，门限的理论分析已经比较完备，但是相关文献仍存在一个共同的问题，就是忽略了模型的内生性。在经验研究中，内生性问题应该说是无处不在的，而目前解决内生性没有什么理想的办法，一种常见的处理就是为内生的

① 计量经济学或者统计学中，检验出现非标准的情形大概有这么几种可能：①检验是非嵌套的（Non-nested）（Voung，1989）。一般情况下，检验都是在某个模型中检验参数是否等于某个具体值。这种一般与特殊的关系暗含了该检验是嵌套检验。但是很多情况下，模型的选择并不具有嵌套性。②模型是嵌套的，部分参数只能在备择假设下识别出来。本书中的门限模型就是典型的例子，类似的例子还包括检验条件异方差效应（ARCH）是否存在、断点效应是否存在。③参数的真值不是估计空间的内点，而是估计空间的边界点。对于最后一种情况，分析是非常复杂的（Andrews，1999、2001）。

解释变量寻找工具变量。卡纳和汉森（Caner and Hansen，2004）考察了解释变量存在内生性、门限变量外生情形下的门限模型的估计。他们的估计思路类似于两阶段最小二乘法，即第一阶段用内生的解释变量对外生的工具变量作回归，得到拟合值；第二阶段则用拟合值去替代内生的解释变量，由于内生变量的拟合值相对于此时的扰动项是外生的，因此对于第二阶段的门限模型，外生性的要求是满足的，可以用经典的门限模型理论去分析。尽管卡纳和汉森（Caner and Hansen，2004）向这个方向迈出了重要一步，但是假定门限变量是外生的是一个非常强的假定，现实中很难满足。需要说明，门限变量是内生的，意味着扰动项对样本的分割有影响，进而会影响门限模型估计量的 Oracle 性质，这对最终的统计推断有着实质的影响。因此，门限变量的内生问题是不能够忽视的。

最近有一些文献考察了门限变量也是内生的情形。库尔特洛斯、斯滕戈斯和谭（Kourtellos，Stengos and Tan，2011）用一种参数化的方式建模了门限变量的内生性。这种建模的方式类似于在处理选择性样本时对内生性的建模。借鉴 Heckman 两步法的思路，他们扩展了回归方程，以便矫正门限变量内生性对估计产生的偏误。还研究了估计量的渐近性质，发现门限估计量的渐近性质与汉森（Hansen，2000）的外生模型以及卡纳和汉森（Caner and Hansen，2004）的解释变量存在内生性的模型的渐近分布都不一样。相较于现有文献，尽管库尔特洛斯、斯滕戈斯和谭（2011）对门限模型的内生性的研究更进一步，但值得指出的是，将变量内生性以一种参数的形式进行建模，并不是一种被广泛接受的建模思路。这样的建模过于特殊，特别是关于扰动项服从联合正态分布的假定，在现实中一般很难满足。某种程度上，这种处理方式不过是以模型的误设替代了内生性。鉴于模型的误设一样会引起估计的偏误，因此就估计的最终结果来看，并没有为解决实际问题带来太多的好处。

其他关于门限模型的研究还包括：西和林顿（Seo and Linton，2007）的研究推广了汉森（Hansen，2000）的模型。在汉森的模型中，门限变量是可以观测的，而在西和林顿的模型中，门限变量是一组可以观测变量的线性组合。西和林顿的估计方法借鉴了霍洛维茨（Horowitz，2002）处理曼斯基（Manski，

1975）最大得分估计量的灵感①，通过将门限模型目标函数光滑化来获取估计量较好的渐近性质。贡萨洛和沃尔夫（Gonzalo and Wolf，2005）研究了 TAR 模型内用再抽样技术对门限值作统计推断的问题。他们考察的情况相较于通常的 TAR 模型更一般，允许模型存在连续变化的情形。尽管门限模型被认为是一种非连续性模型，但是如果截距项和回归系数在不同的区制内满足某些特定的约束，则模型仍然可能是连续的。对于连续性模型，门限值的渐近分布由陈和蔡（Chan and Tsay，1998）给出，它跟不连续模型渐近分布很不一样。贡萨洛和沃尔夫的研究显示，即使在不知道模型是否连续的前提下，也可以用再抽样技术来统计解决这个问题。

本书第 5 章使用的是双变量的动态门限面板数据模型。关于双变量的门限模型，相关文献也进行了研究。陈、佟和白（Cheng，Tong and Bai，2012）考察了一个双变量的 TAR 模型发现，在双变量情形下，两个门限临界值估计量的渐近分布是独立的，且与单变量门限模型的渐近分布是一样的。他们还研究了门限效应存在的检验。钟和闫（Chong and Yan，2014）进一步将上面的结果推广到一般门限回归模型和多门限变量的情形。陈、佟和白（Cheng，Tong and Bai，2012）的研究结果对第 5 章的实证研究有重要价值。由于本书用到的实证模型（双变量动态门限面板模型）属于比较复杂的拓展模型，目前并没有现成的估计方法，更不要说成熟的、可以依赖的渐近理论。而推导这一模型的渐近结果，虽然从理论上看有重要的价值，但是整个过程较为复杂，且偏离了本书的主题。这就给后面一章的应用提出了新的问题，即我们如何对现有的结果进行统计推断。依据陈、佟和白（Cheng，Tong and Bai，2012）的 TAR

① 在微观计量分析中，经常会遇到离散选择模型（被解释变量的取值是 0 或者 1）。早期的方法是假定扰动项是正态的或是 Logistic 分布，用参数的方法来估计（Probit 模型或者 Logit 模型），但由此得到的极大似然估计量对扰动项的分布形态非常敏感。为此，一种合理的处理方式是假定扰动项分布未知，将扰动项的分布以及我们感兴趣的参数一同估计出来。遗憾的是，非参的估计非常麻烦，而且对扰动项与解释变量之间的关系要求较高。一种更加一般性的处理方法是曼斯基（Manski，1975）提出的最大得分估计法（Maximum Score Estimation）。相较于以前的方法，该方法最大的优势就是只需要扰动项在给定被解释变量后的中位数值是 0。但是该估计量的渐近性质的建立非常困难［事实上估计量不再具有$\sqrt{n}$的收敛速度，金和波拉德（Kim and Pollard，1990）应用后面提到的 Argmax 连续映射定理推导了分布，但是结果对一般应用而言非常有挑战性］，因为该目标函数是非光滑的，存在着很多不可导点，通常的泰勒展开不能使用（甚至不具有随机版本的泰勒展开表达式）。霍洛维茨（Horowitz，2002）提出了一种新的估计思路，即先将目标函数光滑化，然后再分析基于光滑目标函数估计量性质。他的研究发现其估计量有着非常好的渐近性质。这一研究思路启发了很多相关文献，可参见陈松年最近的一些文章（2010）。

模型分析，我们发现门限临界值估计量的渐近分布并没有发生改变，基于合理推测，我们认为在一般模型中，同样的结果也是成立的。我们完全可以依据陈、佟和白的理论在双门限效应的动态面板数据模型内进行各种统计检验。以上是我们对现有门限模型的一个简单评述。有关门限回归模型的理论研究非常多，而且还在不断发展中，本节只是选择了一些比较重要且与本研究高度相关的理论文献进行了梳理。关于门限回归模型的理论，最重要的莫过于汉森（Hansen，2000）的研究，我们将在下一节对这一理论进行详细解析。

4.3 门限回归模型的基本理论

门限回归的渐近理论已经有相关文献进行了深入研究，对于 $\beta_2-\beta_1$ 是常数的情形，可以参见陈（Chan，1993）；对于 $\beta_2-\beta_1$ 是随样本趋近于 0 的情形，可以参见汉森（Hansen，2000）的研究。本节将回顾和评述门限回归的渐近理论，主要是为阐明门限回归的渐近理论可以看成 M-估计理论的应用[①]。

考察如下的门限回归模型：

$$y_i = x_i'\beta_1 1(q_i \leqslant \gamma) + x_i'\beta_2 1(q_i > \gamma) + e_i$$

该模型可以改写成：

$$y_i = x_i'\theta + x_i'\delta_n 1(q_i \leqslant \gamma) + e_i$$

这里，$\theta=\beta_2$，$\delta_n=\beta_1-\beta_2$；定义：

$$Y = \begin{bmatrix} y_1 \\ y_2 \\ \vdots \\ y_n \end{bmatrix},\ X = \begin{bmatrix} x_1' \\ x_2' \\ \vdots \\ x_n' \end{bmatrix},\ X_\gamma = \begin{bmatrix} x_1'1(q_i \leqslant \gamma) \\ x_2'1(q_i \leqslant \gamma) \\ \vdots \\ x_n'1(q_i \leqslant \gamma) \end{bmatrix},\ e = \begin{bmatrix} e_1 \\ e_2 \\ \vdots \\ e_n \end{bmatrix}$$

则上面的模型可以写成：

$$Y = X\theta + X_\gamma\delta_n + e$$

门限回归的估计量是通过最小化下面的残差平方和得到的：

$$S_n(\theta,\ \delta,\ \gamma) = (Y - X\theta - X_\gamma\delta)'(Y - X\theta - X_\gamma\delta)$$

上面的 S_n（θ，δ，γ）就是极估计理论中的目标函数。这个目标函数有如下一些特点：①S_n（θ，δ，γ）相对于 θ 和 δ 而言是一个二次型函数，因此在

① 对于一般的 M-估计理论，可以参见范德瓦尔特（Van de Vaart，2000，第 5 章）和范德瓦尔特和韦勒（Van de Vaart and Weller，1997，3.2 节）。

给定γ的前提下，S_n（θ, δ, γ）有且仅有一个最小值，且取得最小值点的θ和δ有着显性解表达式。②S_n（θ, δ, γ）相对于γ而言是一个非二次型的函数，它的取值对S_n（θ, δ, γ）的影响是以一种离散的形式体现的。针对以上特点，现有的估计方式是这样的：

首先，给定γ，求出最优的θ和δ。定义$X_\gamma^* = [X, X_\gamma]$，则$\theta$和$\delta$的估计值应该是

$$\begin{bmatrix} \hat{\theta}(\gamma) \\ \hat{\alpha}(\gamma) \end{bmatrix} = (X_\gamma^{*\prime} X_\gamma^*)^{-1} X_\gamma^{*\prime} Y$$

其次，将最优解带回目标函数得到

$$S_n(\gamma) = S_n(\hat{\theta}, \hat{\delta}, \gamma) = Y'(I - P_\gamma)Y$$

这样通过优化S_n（γ），我们可以得到γ的估计量$\hat{\gamma}$，则θ和δ的最终估计量就是$\hat{\theta}$（$\hat{\gamma}$）和$\hat{\alpha}$（$\hat{\gamma}$）。

4.3.1 参数估计的一致性

在计量经济学中，如果估计量是通过最小化某个目标函数S_n（γ）得到的，则其估计量的一致性有一个非常一般性的结论：

参数估计一致性定理：如果存在一个非随机函数S（γ）满足：①S（γ_0）>S（γ）对任意$\gamma \in N^c$（γ_0），N^c（γ_0）表示γ_0邻域的补集；②$| S_n(\gamma) - S(\gamma) | \xrightarrow{p} 0$一致于$\gamma$。如果$\hat{\gamma}$是$S_n$（$\gamma$）的最大值，则有$\hat{\gamma} \xrightarrow{p} \gamma_0$。（Van de Vaart，2000）。

现在我们套用上面的定理来证明参数的一致性。定义$X_\gamma^* = [X, X_\gamma]$，则依据基本的线性回归理论，目标函数$S_n$（$\theta$, δ, γ）可以改写成$S_n(\gamma) = Y'(I - P_\gamma)Y$。为了研究的方便，新的$S_n^*$（$\gamma$）定义如下：

$$\begin{aligned} S_n^*(\gamma) &= n^{-1+2\alpha}(Y'(I - P_\gamma)Y - e'e) \\ &= n^{-1+2\alpha}(e'P_\gamma e + 2\delta_n{}'X_0{}'(I - P_\gamma)e + \delta_n{}'X_0{}'(I - P_\gamma)X_0\delta_n) \end{aligned}$$

注意，S_n^*（γ）是通过S_n（γ）减去一个常数$e'e$，然后再乘以$n^{-1+2\alpha}$得到的，两者在相同的γ处取得最小值，因此分析S_n（γ）和S_n^*（γ）分析是等同的。根据上面的表达式，取

$$S(\gamma) = n^{-1+2\alpha}\delta_n{}'X_0{}'(I - P_\gamma)X_0\delta_n$$

对于S（γ），易见$n^{-1}X_0'(I-P_\gamma)X_0$是一个半正定矩阵。事实上，由于$n^{-1}X_0'(I-P_\gamma)X_0$的特殊结构，对于任何$|\gamma-\gamma_0|>c$，$n^{-1}X_0'(I-P_\gamma)X_0$都是一

个严格的正定矩阵，$S(\gamma)$ 也因此将大于0。由此我们证明了一致性定理的第一个条件是成立的。接着看第二个条件，为使其成立，我们需要证明 $n^{-1+2\alpha}e'P_{\gamma}e\to^{p}0$；$n^{-1+2\alpha}\delta_n'X_0'(I-P_{\gamma})e\to^{p}0$；一致于 γ。对于这个结果的证明，我们要调用一致大数定理（Uniform Large Law of Number）。在目前的证明背景下，由于表达式相对于 γ 是严格单调函数，因此一致大数定理和通常大数定理的证明几乎一样，即使在一些非常弱的条件下上面两式都是成立的。需要强调的是，对于第一个方程，它可以写成

$$n^{-1+2\alpha}\left(\frac{1}{\sqrt{n}}\sum_{i=1}^{n}x_i'(q_i\leqslant\gamma)e_i\right)\left[\frac{1}{n}\sum_{i=1}^{n}x_ix_i'(q_i\leqslant\gamma)\right]^{-1}\left(\frac{1}{\sqrt{n}}\sum_{i=1}^{n}x_i(q_i\leqslant\gamma)e_i\right)$$

在 x_i 是一个平稳遍历的序列的条件下，依据一致大数定理，我们有

$$\frac{1}{n}\sum_{i=1}^{n}x_ix_i'(q_i\leqslant\gamma)\to^{p}E[x_ix_i'(q_i\leqslant\gamma)]$$

在前一条件和 e_i 是一个鞅差分序列的前提下，我们有

$$\frac{1}{\sqrt{n}}\sum_{i=1}^{n}x_i'(q_i\leqslant\gamma)e_i\to^{d}B(\gamma)$$

这里，$B(\gamma)$ 是某个布朗运动（见下一节的详细说明）。这样，我们有

$$\left(\frac{1}{\sqrt{n}}\sum_{i=1}^{n}x_i'(q_i\leqslant\gamma)e_i\right)\left[\frac{1}{n}\sum_{i=1}^{n}x_ix_i'(q_i\leqslant\gamma)\right]^{-1}\left(\frac{1}{\sqrt{n}}\sum_{i=1}^{n}x_i(q_i\leqslant\gamma)e_i\right)=O_p(1)$$

这样，为了能够得到 $n^{-1+2\alpha}e'P_{\gamma}e\to^{p}0$，我们必须要求 $n^{-1+2\alpha}\to0$，这等价于要求 $\alpha<0.5$。这个条件在汉森（Hansen，2000）的分析中扮演着重要的角色。

前面的分析证明了一致性定理中两个条件都是满足的，由此我们得到了 $\hat{\gamma}\to^{p}\gamma_0$。一旦给定这个结果，应用连续映射定理，我们很容易证明（因为 θ 和 δ_n 的解有显性表达式），$\hat{\theta}\to^{p}\theta_0$ 和 $\hat{\delta}\to^{p}\delta_n$。这样我们就给出了门限回归最小二乘估计量一致性的证明。

4.3.2 参数估计量的渐近分布

类似于前面一致性的处理，在证明之前我们给出一个一般性的定理。此外的定理是 Argmax 连续映射定理（Argmax Continuous Mapping Theorem）。这一定理的完整表述为：

Argmax 连续映射定理：设 M_n 和 M 是定义在度量空间 H 上的两个随机过程，满足对于任意一个 H 内的紧集 K，在 $l^{\infty}(K)$ 上 $M_n\to^{d}M$，这里 $l^{\infty}(K)$ 是所有在紧集 K 有界的函数族，$\to^{d}$ 表示依分布收敛（弱收敛）。假设在去掉

一个零概率测度集后的余集里，对于每一个给定的轨道路径，$M(h)$ 都是上半连续的，并且具有唯一的（随机）最大值点 $\hat{h}$，且是胎紧的（Tight）。如果序列 $\hat{h}_n$ 是一致紧的且满足 $M_n(\hat{h}_n) \geq \sup_h M_n(h) - o_p(1)$，则在 H 内，$\hat{h}_n \to^d \hat{h}$。（Van de Vaart and Weller，1998，287 页）。

使用 Argmax 连续映射定理主要是为了推导门限值估计量的渐近分布。在门限回归中，估计量 $\vartheta = (\theta', \delta_n')'$的渐近理论是比较好推导的，实际上这里的估计量具有 Oracle 性质，即最终的渐近分布与门限值取真值时的渐近分布是一样的。为了看清这一点，由普通最小二乘的一般估计式

$$\hat{\vartheta} = (X_{\hat{\gamma}}^{*\prime} X_{\hat{\gamma}}^{*})^{-1}(X_{\hat{\gamma}}^{*\prime} Y)$$

注意到 $Y = X_{\gamma_0}^{*} \vartheta_0 + u$，将这一表达式代入前一方程有

$$\sqrt{n}(\hat{\vartheta} - \vartheta_0) = (X_{\hat{\gamma}}^{*\prime} X_{\hat{\gamma}}^{*}/n)^{-1}\left(X_{\hat{\gamma}}^{*\prime}(X_{\hat{\gamma}}^{*} - X_{\gamma_0}^{*})\vartheta_0/\sqrt{n}\right) + (X_{\hat{\gamma}}^{*\prime} X_{\hat{\gamma}}^{*}/n)^{-1} X_{\hat{\gamma}}^{*\prime} e/\sqrt{n} \tag{4.1}$$

下面逐项进行分析：

对于 $X_{\hat{\gamma}}^{*\prime} X_{\hat{\gamma}}^{*}/n$ 这一项，依据一致大数定理以及 $\hat{\gamma} \to^p \gamma_0$，有

$$\frac{1}{n} X_{\hat{\gamma}}^{*\prime} X_{\hat{\gamma}}^{*} \to^p \begin{bmatrix} M & M_{\gamma_0} \\ M_{\gamma_0} & M_{\gamma_0} \end{bmatrix}$$

这里 $M = E(x_i x_i')$，同时 $M(\gamma_0) = E[x_i x_i'(q_i \leq \gamma_0)]$。对于 $X_{\hat{\gamma}}^{*\prime}(X_{\hat{\gamma}}^{*} - X_{\gamma_0}^{*})\vartheta_0/\sqrt{n}$ 项，不失一般性假设 $\hat{\gamma} \geq \gamma_0$（另一种情形的推导类似），于是有

$$\frac{1}{\sqrt{n}} X_{\hat{\gamma}}^{*\prime}(X_{\hat{\gamma}}^{*} - X_{\gamma_0}^{*})\vartheta_0 = c n^{1/2-\alpha} \begin{bmatrix} 0 & I \\ 0 & I \end{bmatrix} \otimes \left(\frac{1}{n} \sum_{i=1}^{n} x_i x_i'(\gamma_0 \leq q_i \leq \hat{\gamma}) \right)$$

由于 $\hat{\gamma}$ 出现在了表达式中，作为随机变量，它可能会是任何值，因此我们需要获得一致性的结果。为此，再次使用一致大数定理，一致于 γ，我们有

$$\frac{1}{n} \sum_{i=1}^{n} x_i x_i'(\gamma_0 \leq q_i \leq \gamma) \to^p E[x_i x_i'(\gamma_0 \leq q_i \leq \gamma)]$$

对于 γ_0 的任意一个小领域内，由泰勒展开有

$$E[x_i x_i'(\gamma_0 \leq q_i \leq \gamma)] = \int_{\gamma_0}^{\gamma} E[x_i x_i' \mid q_i] f(q_i) dq_i = O(\gamma - \gamma_0)$$

这样，如果 $n^{1/2-\alpha}(\hat{\gamma} - \gamma_0) = o_p(1)$，则（1）的第二项是可以忽略的。进一步考察第三项，基于同样的理由，我们需要证明一致性于 γ，

$$\frac{1}{\sqrt{n}} \sum_{i=1}^{n} x_i (q_i \leq \gamma) e_i \to^d B(\gamma) \tag{4.2}$$

这里，$B(\gamma)$ 是某个布朗运动。上面的结果可以看成一致版本的中心极限定理。理论计量经济学或者统计学处理这种带有一致性的中心极限定理时，将表达式看成函数过程（经验过程，Empirical Process）的收敛。在给定 n 下的概率测度是定义在函数空间上的。根据一般概率测度收敛的定理（Prohorov 定理）①，我们需要验证概率测度序列是胎紧的，同时概率测度的极限是唯一的。后一条件等价于验证对于给定的某个 γ，式（4.2）的弱收敛是成立的。对于这个结果，我们可以调用鞅差分的中心极限定理去证明。而对于概率测度序列是胎紧的，依据泛函分析中的 Arzela-Ascoli 定理（Kosorok，2008，88 页定理 6.2），其可以等价地表述为下面的随机等度连续条件（Stochastic Equicontinuous Condition）：对于任意的 $\varepsilon>0$ 和 $\eta>0$，存在 $\delta>0$，满足

$$P^*\left[\sup_{|\gamma_1-\gamma_2|<\delta}\left|\frac{1}{\sqrt{n}}\sum_{i=1}^{n}x_ie_i[(q_i\leqslant\gamma_1)-(q_i\leqslant\gamma_2)]\right|>\varepsilon\right]<\eta$$

由于门限回归中的代表性函数 $x_ie_i\ (q_i\leqslant\gamma)$ 对于 γ 而言实际上是 Lipschitz 连续的，因此上面的随机等度连续条件是很容易验证的（Andrews，1994，2270 页和 2272 页的定理 2）。通过以上的讨论，我们实际上证明了式（4.2）是成立的。接着根据 $\hat{\gamma}\to^p\gamma_0$ 以及布朗运动的轨道几乎处处是连续的性质，我们有

$$\frac{1}{\sqrt{n}}\sum_{i=1}^{n}x_i(q_i\leqslant\hat{\gamma})e_i\to^d B(\gamma_0)$$

这样，我们实际上给出了第三项的渐近表达式。通过上面的分析我们看到，如果收敛条件 $n^{1/2-\alpha}\ (\hat{\gamma}-\gamma_0)=o_p\ (1)$ 是成立的，则式（4.1）中右边的第一项可以忽略，而右边的第二项跟临界值为 γ_0 时是一样的，因此最终的渐近分布和知道门限临界值是 γ_0 时的渐近分布是一样的（这种性质也就是本书开头所强调的 Oracle 性质）。

---

① Prohorov 定理的表述如下：如果测度序列是渐近胎紧的和渐近可测的（Asymptotically Tight and Measurable），则该测度序列一定有一个子列依分布收敛于某个波雷尔胎紧的概率测度。极限分布是波雷尔可测的和胎紧的是很重要的，保证其有良好定义。在函数空间中，如果函数间的距离是由一致度量（Uniform Metric）来定义的，则经验过程不一定是可测的。一种处理方式是将经验过程可测化（或者说是连续化，因为连续函数都是可测的），可参见 Billingsley（1968）第 2 章第 10 节对这一问题的一般处理。另一种处理方式是放弃可测性，将所有的理论建立在外测度上。后一种方法是目前流行的方法，见范德瓦尔特和韦勒（Van de Vaart and Weller，1998）的分析。后一方法的代价是一些常见的可测性下的结论如富比尼（Fubini）定理将不再成立。本书的说明采用的是后一种方法，因为后一种方法更一般，可以处理任意的 Banach 空间。需要说明的是，在门限回归中，前一种方法处理起来其实更方便。

现在转为求门限回归临界值估计量的渐近分布。这是门限回归中最棘手的部分，主要原因也是门限临界值估计量的渐近分布不具有通常正态的分布形态。对于这种非正规渐近分布形态的分析，我们只能调用 Argmax 连续映射定理来推导。需要说明的是，由于渐近分布不具有正规的形态，其渐近分布的临界值无法查表获得，也很难通过数值计算获取，通常都是通过密集计算 Monte Carlo 方法得到的。

在应用 Argmax 连续映射定理之前，我们先做一些准备工作。定义

$$S_n^*(\gamma) - S_n^*(\gamma_0) = (Y - X\hat{\theta} - X_\gamma\hat{\delta})'(Y - X\hat{\theta} - X_\gamma\hat{\delta}) - (Y - X\hat{\theta} - X_{\gamma_0}\hat{\delta})'(Y - X\hat{\theta} - X_{\gamma_0}\hat{\delta})$$

由 $Y-X\hat{\theta}-X_\gamma\hat{\delta}=e-X(\hat{\theta}-\theta_0)-X_{\gamma_0}(\hat{\delta}-\delta_n)-\Delta X_\gamma\hat{\delta}$，上面的表达式可以等价地写作

$$S_n^*(\gamma) - S_n^*(\gamma_0) = \delta_n'\Delta X_\gamma'\Delta X_\gamma\delta_n - 2\delta_n'\Delta X_\gamma'e + 2\hat{\delta}'\Delta X_\gamma'\Delta X_\gamma(\hat{\theta} - \theta_0)$$
$$- 2(\hat{\delta} - \delta_n)'\Delta X_\gamma'e + (\delta_n + \hat{\delta})'\Delta X_\gamma'\Delta X_\gamma(\hat{\delta} - \delta_n) \tag{4.3}$$

下面我们来依次考察式（4.3）右边的每一项。以下所有的分析都建立在 $\gamma_0 \leqslant \gamma$ 的情形下，对于 $\gamma_0 > \gamma$ 的情形，推导是类似的。首先看第一项，注意

$$\frac{1}{n}\Delta X_\gamma'\Delta X_\gamma = \frac{1}{n}\sum_{i=1}^{n} x_i x_i'(\gamma_0 \leqslant q_i \leqslant \gamma) = E[x_i x_i'(\gamma_0 \leqslant q_i \leqslant \gamma)]$$

同时，在 γ_0 的任意一个小领域内，有

$$E[x_i x_i'(\gamma_0 \leqslant q_i \leqslant \gamma)] = \int_{\gamma_0}^{\gamma} E[x_i x_i' | q_i] f(q_i) dq_i = D(\gamma_0) f(\gamma_0)(\gamma - \gamma_0) + O(|\gamma - \gamma_0|^2)$$

由此，在 $\delta_n = cn^{-\alpha}$ 的假定下，式（4.3）右边的第一项是

$$\delta_n'\Delta X_\gamma'\Delta X_\gamma\delta_n = c'D(\gamma_0)cf(\gamma_0)n^{1-2\alpha}(\gamma - \gamma_0) + n^{1-2\alpha}|\gamma - \gamma_0|^2$$

接下来看第二项。假定扰动项是一个鞅差分序列，则

$$\frac{1}{\sqrt{n}}\Delta X_\gamma'e = \frac{1}{\sqrt{n}}\sum_{i=1}^{n} x_i e_i(\gamma_0 \leqslant q_i \leqslant \gamma) \to^d \int_{\gamma_0}^{\gamma} dB(s)$$

这里，$B(\gamma)$ 是由 γ 指标的布朗运动，满足 $B(0)=0$ 以及

$$E[B(\gamma)B(\gamma)'] = E[x_i x_i' e_i^2(q_i \leqslant \gamma)] = \int_{-\infty}^{\gamma} E(x_i x_i' e_i^2 | q_i) f(q_i) dq_i$$

根据上面的结果，方程（4.3）中第二项将收敛于

$$\delta_n'\Delta X_\gamma'e \to^d W[c'V(\gamma_0)cf(\gamma_0)n^{1-2\alpha}(\gamma - \gamma_0)]$$

这里 $W(\cdot)$ 表示的是一个标准维纳过程。对于式（4.3）右边后三项，我们注意到 $\hat{\theta}-\theta_0$ 和 $\hat{\delta}-\delta_n$ 收敛速度是 $\sqrt{n}$ 要高于 $cn^{-\alpha}$，也就是 δ_n 的收敛速度；据同样的论断，可以证明后面的三项都是 $o_p(1)$，因此可以忽略。综上，如果

我们令 $v=n^{1-2\alpha}(\gamma-\gamma_0)$，这等价于 $\gamma=n^{2\alpha-1}v+\gamma_0$，则由前面的分析我们有，对于 $\gamma_0\leqslant\gamma$，

$$S_n^*(\gamma_0)-S_n^*(n^{2\alpha-1}v+\gamma_0)\to^d -c'D(\gamma_0)cf(\gamma_0)v+2W[c'V(\gamma_0)cf(\gamma_0)v] \quad (4.4)$$

类似地，$\gamma_0\geqslant\gamma$，我们有

$$S_n^*(\gamma_0)-S_n^*(n^{2\alpha-1}v+\gamma_0)\to^d c'D(\gamma_0)cf(\gamma_0)v+2W[c'V(\gamma_0)cf(\gamma_0)v]$$

综合上面两种情形的结果：

$$S_n^*(\gamma_0)-S_n^*(n^{2\alpha-1}v+\gamma_0)\to^d -c'D(\gamma_0)cf(\gamma_0)|v|+2W[c'V(\gamma_0)cf(\gamma_0)v]$$

下面我们来应用 Argmax 连续映射定理，令

$$M_n(v)=S_n^*(\gamma_0)-S_n^*(n^{2\alpha-1}v+\gamma_0)$$
$$M(v)=-c'D(\gamma_0)cf(\gamma_0)|v|+2W[c'V(\gamma_0)cf(\gamma_0)v]$$

式（4.4）保证了 Argmax 连续映射定理中第一个条件是满足的（这也是最重要的条件）。由于维纳过程的轨道函数是几乎处处连续的，而连续函数一定是上半连续的，因此第二个条件满足。依据金和波拉德（Kim and Pollard，1990）的证明，$M(v)$ 的最大值以零概率取在正负无穷处，因此 $\hat{h}$ 是胎紧的条件也被满足。最后一个条件是 $\hat{h}_n$ 是一致紧的，这等价于要证明 $n^{1-2\alpha}(\hat{\gamma}-\gamma_0)=O_p(1)$。这个结果的证明某种程度上是在重复式（4.3）的证明，只不过在证明中我们不需要最严格的结果，而只需要提取它的主要项（Leading Term），去证明它是 $O_p(1)$ 的。

以上分析证实 Argmax 连续映射定理的条件在门限回归中是成立的，依据该定理我们有

$$n^{1-2\alpha}(\hat{\gamma}-\gamma_0)\to^d \text{argmax}_v -c'D(\gamma_0)cf(\gamma_0)|v|+2W[c'V(\gamma_0)cf(\gamma_0)v]$$

注意到

$$\begin{aligned}&\text{argmax}_v\{c'D(\gamma_0)cf(\gamma_0)|v|-2W[c'V(\gamma_0)cf(\gamma_0)v]\}\\&=\frac{c'V(\gamma_0)cf(\gamma_0)}{[c'D(\gamma_0)cf(\gamma_0)]^2}\text{argmax}_v\left\{\frac{c'V(\gamma_0)c}{c'D(\gamma_0)c}|r|-\frac{c'V(\gamma_0)c}{c'D(\gamma_0)c}2W(r)\right\}\\&=\frac{c'V(\gamma_0)c}{[c'D(\gamma_0)c]^2f(\gamma_0)}\text{argmax}_v\{|r|-2W(r)\}\end{aligned}$$

这样，我们可以将结果改写为

$$n^{1-2\alpha}(\hat{\gamma}-\gamma_0)\to^d \frac{c'V(\gamma_0)c}{[c'D(\gamma_0)c]^2f(\gamma_0)}\text{argmax}_v\{|r|-2W(r)\}$$

这样，我们就应用 Argmax 定理推导出了门限估计量的渐近分布。

4.4 动态门限面板数据模型

动态面板数据模型（Dynamic Panel Data Models）被广泛地使用于实证研究。所谓动态模型，就是在回归方程中引入被解释变量的滞后项。由于这一变量的进入，被解释变量随时间演进的过程得以清晰显现。由于额外地引入了被解释变量的滞后项，静态模型（也就是没有被解释变量滞后项的模型）便成为动态模型的特例。动态面板模型也有着明确的经济学含义。在现有的经济学研究中，经济现象的惯性特征已经为学术界普遍接受，这种惯性特征既可能源于代表性行为人在经济环境下的适应性预期行为（Adaptive Expectation Behaviors），也可能源于其自身业已形成的行为模式，以及经济系统中存在时间序列相关的技术冲击等。

鉴于动态面板模型广泛的应用背景，其估计理论受到计量经济学家的极大关注。一个标准的动态面板模型，为了允许个体异质性的存在，一般会要求每个回归方程的截距项不同，即

$$y_{it} = \alpha_i + \rho y_{it-1} + x_{it}'\beta + u_{it}$$

在上面的模型中，随着个体 i 数量的增大，待估参数的个数会随着样本数量的增加而增加，这就产生了所谓伴随参数的问题（Incidental Parameters Problem）。如果样本时间上的观测数 T 是有限的，则通过组内变换得到的估计量（Within Group Estimator）为

$$\hat{\theta} = \left(\sum_{i=1}^{N}\sum_{t=1}^{T}\dot{z}_{it}\dot{z}_{it}'\right)^{-1}\left(\sum_{i=1}^{N}\sum_{t=1}^{T}\dot{z}_{it}\dot{y}_{it}'\right)^{-1}$$

这里 $z_{it}=(y_{it-1},\ x_{it}')'$ 且 $\dot{z}_{it}=z_{it}-T^{-1}(z_{i1}+\cdots z_{iT})$，将不再是一致的估计量（Nickel，1981；Hsiao，1986；Kiviet，1995）。为了解决这一问题，安德森和肖（Anderson and Hsiao，1981）提出了一种工具变量法。他们的做法是对回归方程在时间上进行差分

$$y_{it} - y_{it-1} = \rho(y_{it-1} - y_{it-2}) + (x_{it} - x_{it-1})'\beta + (u_{it} - u_{it-1})$$

然后用 y_{it-2} 作为 $y_{it-1}-y_{it-2}$ 的工具变量来估计上面的模型。可见，在 u_{it} 在时间上是独立的条件下，y_{it-2} 和 $u_{it}-u_{it-1}$ 独立，因此正交性条件满足。阿雷利亚诺和邦德（Arellano and Bond，1991）注意到，在 u_{it} 在时间上是独立的条件下，不仅 y_{it-2} 是正确的工具变量，$y_{it-3}\cdots y_{i1}$ 均是 $y_{it-1}-y_{it-2}$ 正确的工具变量。由此他们提出了广义矩方法（Generalized Method of Moments）。上面的方法是目

前流行的动态面板模型的估计方法。而当时间上的观测数 T 也是发散的时候，组间估计量重新得到了重视，因为在大 T 的背景下，组间估计量是一致估计量，而且这种一致性并不依赖于扰动项在时间上是独立的假定。此外，安德森和肖（Anderson and Hsiao，1981）的工具变量法由于矩条件太少，最终的估计量会有较大的方差；而阿雷利亚诺和邦德（Arellano and Bond，1991）的广义矩方法则因为矩条件太多，会有海量矩偏误（Many Moments Bias）。哈恩和库尔施泰纳（Hahn and Kuersteiner，2002）考察了组间估计量在大 N 大 T 时的渐近性质，他们证明经过偏误校正的组间估计量在正态扰动的假定下是最优估计。

本书考察的门限回归可以看成动态面板模型的非线性推广。但是这一推广会使得现有的一些处理方式不再适用。为了看清这一点，我们在一个一般的非线性模型内考察这一问题

$$y_{it} = \alpha_i + g(x_{it}, \beta) + u_{it}$$

对于上面的方程，如果对其作组间变换来消除截距项（也就是用每一个方程，减去其在时间上的均值来消除截距项），我们可以看到，除非 $g(\cdot)$ 是一个线性函数，否则我们一般不会得到

$$\dot{y}_{it} = g(\dot{x}_{it}, \beta) + \dot{u}_{it}$$

在门限模型中，我们可以取 $g(x, \beta) = x'\beta_1 (q \leq \gamma) + x'\beta_2 (q > \gamma)$。根据上面的分析，我们可以看到动态门限模型是不能直接作组间变换的。分析到这里，我们反过来看克雷默、比克和诺茨（Kremer，Bick and Nautz，2012）的动态门限面板估计，虽然他们进行的是前向正交离差变换（Forward Orthogonal Deviation Transformation）①，但是这一变换其实和组间变换扮演着一样的角色，就是消除掉固定效应，因此存在相同的问题。

本书提出的估计方法与遵循哈恩和库尔施泰纳（Hahn and Kuersteiner，2002）的思路类似，即将模型看成静态模型进行估计，然后将得到的估计量作偏误修正。考察下面的动态门限面板模型：

$$\begin{aligned} y_{it} = & (\alpha_{i1} + \rho_1 y_{it-1} + x_{it}'\beta_1) 1(q_i \leq \gamma) + (\alpha_{i2} + \rho_2 y_{it-1} + x_{it}'\beta_2) 1(q_i > \gamma) \\ & + \sigma_1 v_{it} 1(q_{it} \leq \gamma) + \sigma_2 v_{it} 1(q_{it} > \gamma) \end{aligned} \tag{4.5}$$

---

① 汉森（Hansen，2000）年的渐近理论是建立在扰动项是鞅差分的序列假定之上的。克雷默、比克和诺茨（Kremer，Bick and Nautz，2012）过度地看重了这个假定，这使得他们使用前向正交离差变换而不是组间变换来消除截距项（正交离差变换一般为了保留扰动项在时间上是不相关的假定而进行）。其实看清汉森（Hansen，2000）的理论就会发现，还有一个非常重要的结论，就是系数估计量的 Oracle 性质。只要有这样的性质，即使扰动项不是鞅差分的，其渐近分布也不难推导出来。

与汉森（Hansen，1999）提出的模型相比，该模型有两个特点：一是模型的截距项有门限效应；二是模型的扰动项的方差有门限效应。这种设定比汉森（Hansen，1999）更为一般。允许截距项有门限效应在本书下一章的实证应用中是非常重要的，因为现有的理论并不排除截距项有门限效应的可能。关于国内外金融发展与经济增长的相关实证文献，如比克（Bick，2010）、黄志淋和董志勇（2013）都在估计中允许截距项有门限效应。从计量角度来看，如果门限效应不存在，但是估计的时候允许其存在，至多让估计的效率下降；而门限效应存在，估计的时候却设定成不存在，则估计的参数将是错误的。比较而言，参数估计是错误的比参数估计是没有效率后果要更严重。基于此，允许模型截距项存在门限效应也是一种稳妥的做法。由于式（4.5）中允许模型存在截距项的门限效应，汉森（Hansen，1999）提出的估计方法便不再成立，需要新的估计方法，我们的算法是：

算法 1

①对于门限变量 q_{it} 按照从小到大的顺序进行排序，依次选择其为门限临界值。

②对于给定的门限值 γ，通过门限变量 q_{it} 与 γ 的大小将样本分为两部分。

③对于每个子样本进行组间变换消除截距项，然后对其进行非平衡面板回归，计算系数 $\hat{\rho}_1$，$\hat{\rho}_2$，$\hat{\beta}_1$，$\hat{\beta}_2$ 以及 $\hat{\sigma}_1^2$，$\hat{\sigma}_2^2$，以及残差平方和 ssr_1 和 ssr_2，并计算 $ssr=ssr_1+ssr_2$。

④这样，对于每一个给定的门限值 γ，我们都可以计算出一个 ssr，通过选择步骤①中所有可能的临界值，找出使 ssr 最小的那一个，其对应的 γ 就是临界值估计量。一旦临界值估计量给定，步骤③中给出的就是对应参数的估计量。

上面的算法中，步骤③中非平衡面板的回归方法是：

算法 2

①假定 Q 是 $N\times T$ 的 0-1 矩阵（即所有元素非 0 即 1），显示回归所属区制，这里 1 表示第一区制，0 表示第二区制。Matlab 对应的命令是 $Q=$（$q_{it}\leqslant\gamma$）。

②计算 Q 矩阵每一行的和，得到一个列向量 P。

③对于被解释变量 Y，做矩阵与矩阵元素乘积（亦称 Hadamard 积）。Matlab 对应命令是 $Y.*Q$，然后计算 $Y.*Q$ 每一行的和，得到一个列向量 R，接着做元素除 $R./P$。最后，用 $Y.*Q$ 减去（（$R./P$）$*E_T$）$.*Q$，这里 E_T

是元素全为 1 的 T 维行向量。最终，得到的结果就是在非平衡面板下作出的组间变换结果。

④将步骤③的处理同样适用到每一个解释变量中（包括被解释变量滞后项和外生解释变量）。

⑤将步骤③和④得到的数据组装到一起，作标准的 OLS 回归，得到估计的系数，并计算残差平方和。

关于算法 2 步骤①至③的 Matlab 程序是：

```
signmatrix = (q_it ≤ γ)
index = sum (signmatrix, 2)
temp1 = Y. * signmatrix;
temp2 = sum (temp1, 2) ./index;
temp3 = repmat (temp2, 1, T) . * signmatrix;
Ydep = temp1 - temp3;
Ydep (isnan (Ydep) ) = 0;
```

注意：由于有可能某一行全部属于某一个区制，这时 index 中对应的元素将是 0，因此计算中会出现 NaN 值，所以我们在最后加了一句，让所有 NaN 元素的值都是 0。

算法 1 实际上是将动态模型当作静态模型来处理。如前面所指出的，为消除固定效应所作的组间变换会使得估计量有一个偏误。为此，遵循哈恩和库尔施泰纳（Hahn and Kuersteiner，2002）的思路，我们对得到的估计量作偏误校正（Bias Correction）。在动态门限回归模型中，偏误的校正要比在一般的动态面板模型中复杂得多。主要原因是 TAR 模型的移动平均表达式非常复杂，其扰动项前面的系数可能是 ρ_1 也可能是 ρ_2，而且这种 ρ_1 和 ρ_2 交错依赖于门限效应，并没有计算上的规律特征。为了克服这一困难，我们提出如下的迭代算法：

算法 3

①依次对每一个个体作相同的处理，这里我们给定某一个个体 i，抽出矩阵 Q 的第 i 行。

②获取该行所有非零元素的位置集合 S；找到 S 中最大的值，并进行如下迭代：

首先，将总求和 sum 赋值为 0；

其次，设定计数值 a 为 1；

接着，如果该值减去 1 还在集合 S 中，则 sum = sum+a；a = a * rho$_1$，否则 a = a * rho$_2$；

然后，该值减 2，看减后的值是否在 S 中，作同样的处理（注意经过上面一步 a 值已经发生变化）；

直至该值取得 S 中最小的那个值，由此计算结束，保存 sum 值。

③找到 S 中次最大值，重复步骤②；计算并保存 sum 值，如此继续下去，直到不能重复为止。

④求和所有 sum 值。

算法 3 实际上是在计算有限样本下的总偏误（关于偏误的计算，见 4.5 节的阐述）。实际计算中还需要把估计的方差考虑进来。因为上面的计算认为扰动项的方差是 1。如果不是 1，则需要乘以估计的方差，见算法 1 的③。

为了证明本书给出算法的正确性，我们通过计算机的模拟实验来说明。真实的数据生成过程（Data Generating Process，DGP）是

$$y_{it} = (\alpha_i^{\diamond} + \rho_1 y_{it-1} + \beta_1^{\diamond} x_{it1} + \beta_2^{\diamond} x_{it2})(y_{it-1} + x_{it1} + x_{it2} > 0)$$
$$+ (\alpha_i^{\dagger} + \rho_2 y_{it-1} + \beta_1^{\dagger} x_{it1} + \beta_2^{\dagger} x_{it2})(y_{it-1} + x_{it1} + x_{it2} \leq 0) + u_{it}$$

其中：$(\rho_1, \beta_1^{\diamond}, \beta_2^{\diamond}) = (0.4, 1, 2)$、$(\rho_2, \beta_1^{\dagger}, \beta_2^{\dagger}) = (0.6, 1, 1)$。这里除了模型的系数和扰动项外，所有的变量以及截距项都产生于均值为 0、方差为 1 的标准正态分布。u_{it} 服从独立的均值为 0 方差为 0.16 的正态分布。由于门限回归中搜索最优门限值和矫正估计量的偏误都是循环运算，这种计算是最耗时间的。为了节省运行时间，我们在模拟实验中不能考察样本特别大的情形。但是为了看到估计的可行性和正确性，一种补偿的办法就是将扰动项的方差设定得小一点。为了避免数据生成的初始条件对结果的影响，我们实际产生了 500+T 期的观测值，并将前面的 500 期值扔掉了。为了刻画估计量的性质，我们计算了估计量的偏误（Bias）和均方误差的根（RMSE，Root Mean Square Error），这两者计算的公式是（以 ρ_1 为例）

$$Bias = \frac{1}{repnum}\sum_{rep=1}^{repnum}(\hat{\rho}_1^{rep} - \rho_1)$$

$$RMSE = \sqrt{\frac{1}{repnum}\sum_{rep=1}^{repnum}(\hat{\rho}_1^{rep} - \rho_1)^2}$$

这里，*repnum* 表示的是试验重复的次数；*rep* 表示的某次具体的模拟实验。

表 4-1 至表 4-4 给出了样本组合是 N=10，25，50，75 和 T=10，25，50，75 下估计量的表现结果，各表中的所有结果是在 1 000 次模拟试验中得到的（$repnum$=1 000）。

表 4-1 第一区制各参数估计量的表现（偏倚修正前）

N	T	ρ_1 的估计		$\beta_1^{\diamond}$ 的估计		$\beta_2^{\diamond}$ 的估计	
		Bias	*RMSE*	*Bias*	*RMSE*	*Bias*	*RMSE*
10	10	−0.012 2	0.990 4	−0.011 9	1.942 7	−0.003 8	1.395 1
25	10	−0.008 8	0.409 2	−0.004 4	0.672 1	−0.002 1	0.718 9
50	10	−0.007 0	0.301 9	−0.003 0	0.532 3	−0.001 8	0.512 4
75	10	−0.004 6	0.267 2	−0.002 3	0.422 0	−0.002 2	0.415 1
10	25	−0.006 0	0.368 6	−0.005 9	0.757 3	−0.003 4	0.690 6
25	25	−0.004 5	0.224 4	−0.003 4	0.383 0	−0.001 9	0.408 1
50	25	−0.003 8	0.154 7	−0.002 6	0.286 2	−0.001 6	0.272 5
75	25	−0.002 9	0.136 3	−0.001 6	0.242 0	−0.001 2	0.237 2
10	50	−0.004 2	0.288 0	−0.002 2	0.526 1	−0.003 0	0.591 3
25	50	−0.003 3	0.149 8	−0.001 7	0.303 9	−0.001 7	0.266 2
50	50	−0.002 7	0.112 6	−0.001 3	0.174 0	−0.001 0	0.201 6
75	50	−0.002 1	0.085 2	−0.000 9	0.150 9	−0.000 6	0.146 8
10	75	−0.003 5	0.196 5	−0.002 4	0.387 5	−0.001 6	0.371 8
25	75	−0.002 1	0.121 4	−0.001 4	0.228 8	−0.001 3	0.216 9
50	75	−0.001 7	0.085 2	−0.000 9	0.154 5	−0.000 9	0.144 3
75	75	−0.001 2	0.072 2	−0.000 5	0.128 1	−0.000 9	0.123 9

表 4-2 第二区制各参数估计量的表现（偏倚修正前）

N	T	ρ_2 的估计		$\beta_1^{\dagger}$ 的估计		$\beta_2^{\dagger}$ 的估计	
		Bias	*RMSE*	*Bias*	*RMSE*	*Bias*	*RMSE*
10	10	−0.008 9	0.603 9	−0.003 6	1.005 5	−0.004 1	1.041 9
25	10	−0.007 1	0.355 4	−0.001 8	0.623 4	−0.002 7	0.647 0
50	10	−0.005 8	0.306 2	−0.001 1	0.430 0	−0.002 2	0.456 5
75	10	−0.004 5	0.225 9	−0.000 8	0.350 5	−0.001 4	0.361 8
10	25	−0.004 0	0.275 9	−0.002 7	0.591 5	−0.002 5	0.571 7
25	25	−0.002 9	0.175 1	−0.001 6	0.340 6	−0.001 5	0.340 1

续表

N	T	ρ_2 的估计		$\beta_1^{\dagger}$ 的估计		$\beta_2^{\dagger}$ 的估计	
		Bias	*RMSE*	*Bias*	*RMSE*	*Bias*	*RMSE*
50	25	−0.002 1	0.126 8	−0.000 7	0.245 6	−0.001 2	0.257 2
75	25	−0.001 5	0.109 8	−0.000 3	0.205 0	−0.000 3	0.201 5
10	50	−0.004 5	0.184 4	−0.002 1	0.362 7	−0.001 9	0.353 6
25	50	−0.002 4	0.122 4	−0.001 2	0.264 9	−0.000 8	0.228 5
50	50	−0.001 9	0.083 1	−0.000 5	0.170 0	−0.000 5	0.170 1
75	50	−0.001 8	0.070 0	−0.000 4	0.130 3	−0.000 5	0.137 9
10	75	−0.001 3	0.151 7	−0.002 0	0.302 8	−0.001 5	0.288 9
25	75	−0.001 0	0.104 9	−0.001 0	0.195 2	−0.000 9	0.182 6
50	75	−0.000 8	0.067 8	−0.000 4	0.134 7	−0.000 4	0.131 6
75	75	−0.000 7	0.054 6	−0.000 5	0.111 3	−0.000 2	0.112 9

表 4-3　第一区制各参数估计量的表现（偏倚修正后）

N	T	ρ_1 的估计		$\beta_1^{\diamond}$ 的估计		$\beta_2^{\diamond}$ 的估计	
		Bias	*RMSE*	*Bias*	*RMSE*	*Bias*	*RMSE*
10	10	−0.005 6	0.990 3	−0.004 6	1.942 7	−0.002 5	1.395 1
25	10	−0.003 7	0.409 1	−0.003 2	0.672 1	−0.002 1	0.718 9
50	10	−0.002 8	0.301 8	−0.002	0.532 3	−0.001 6	0.512 4
75	10	−0.002 2	0.267 2	−0.001 4	0.422 0	−0.001 2	0.415 1
10	25	−0.005 0	0.368 6	−0.003 2	0.757 3	−0.003 4	0.690 6
25	25	−0.002 5	0.224 4	−0.001 9	0.383 0	−0.002 4	0.408 1
50	25	−0.001 9	0.154 7	−0.001 4	0.286 2	−0.003 1	0.272 5
75	25	−0.001 5	0.136 3	−0.000 9	0.242 0	−0.001 1	0.237 2
10	50	−0.002 9	0.288 0	−0.001 6	0.526 1	−0.002 4	0.591 3
25	50	−0.002 4	0.149 8	−0.001 3	0.303 9	−0.001 4	0.266 2
50	50	−0.001 7	0.112 6	−0.001 0	0.174 0	−0.001 0	0.201 6
75	50	−0.001 1	0.085 2	−0.000 8	0.150 9	−0.000 9	0.146 8
10	75	−0.002 5	0.196 5	−0.002 3	0.387 5	−0.001 8	0.371 8
25	75	−0.001 6	0.121 4	−0.001 4	0.228 8	−0.001 3	0.216 9
50	75	−0.001 2	0.085 2	−0.000 8	0.154 5	−0.001 4	0.144 3
75	75	−0.000 3	0.072 2	−0.000 5	0.128 1	−0.000 8	0.123 9

表 4-4 第二区制各参数估计量的表现（偏倚修正后）

N	T	ρ_2 的估计		$\beta_1^{\dagger}$ 的估计		$\beta_2^{\dagger}$ 的估计	
		Bias	*RMSE*	*Bias*	*RMSE*	*Bias*	*RMSE*
10	10	−0.005 4	0.603 9	−0.004 6	1.005 5	−0.003 1	1.041 9
25	10	−0.004 2	0.355 4	−0.001 6	0.623 4	−0.001 7	0.647 0
50	10	−0.003 2	0.306 2	−0.001 1	0.430 0	−0.001 2	0.456 5
75	10	−0.002 4	0.225 9	−0.000 9	0.350 5	−0.001 0	0.361 8
10	25	−0.004 3	0.275 9	−0.002 4	0.591 5	−0.002 8	0.571 7
25	25	−0.002 0	0.175 1	−0.001 3	0.340 6	−0.001 2	0.340 1
50	25	−0.001 5	0.126 8	−0.000 8	0.245 6	−0.000 9	0.257 2
75	25	−0.001 5	0.109 8	−0.000 3	0.205 0	−0.000 5	0.201 5
10	50	−0.003 1	0.184 4	0.000 8	0.362 7	−0.001 0	0.353 6
25	50	−0.002 0	0.122 4	0.000 4	0.264 9	−0.000 6	0.228 5
50	50	−0.001 5	0.083 1	−0.000 3	0.170 0	−0.000 2	0.170 1
75	50	−0.001 1	0.070 0	−0.000 1	0.130 3	0.000 1	0.137 9
10	75	−0.001 0	0.151 7	0.000 5	0.302 8	−0.001 1	0.288 9
25	75	−0.000 7	0.104 9	−0.000 4	0.195 2	−0.000 5	0.182 6
50	75	−0.000 8	0.067 8	−0.000 4	0.134 7	−0.000 2	0.131 6
75	75	−0.000 5	0.054 6	0.000 1	0.111 3	0.000 2	0.112 9

从各表来看，无论是表 4-1 还是表 4-2，估计量的 *RMSE* 都明显地随着样本的增加而下降。这说明参数的估计量是一致的。在计量经济学中，一致性是最基本的性质，所有满足一致性的估计量都是正确的估计量。基于此，我们就说明了估计方法的正确性。从表 4-1 和表 4-2 中我们还看到估计量含有一定程度的偏误。由于外生解释变量的存在，这种偏误不是很明显，表 4-3 和表 4-4 给出了经过偏误校正的估计量的表现。我们看到，经过偏误校正，估计量的偏误都有不同程度的下降，而估计量的 RMSE 也随之下降了。

4.5 动态门限模型偏误的计算方法

本节我们从数学角度推导偏误的计算公式。在动态面板回归中，由于解释变量含有应变量的滞后项，因此解释变量不是严格外生的，而是弱外生的。这里，严格外生的定义是任意一期的扰动项和任意一期的解释变量都是独立的，弱外生的定义是任意一期的扰动项和当期的解释变量之间是独立的。一旦严格外生性条件被破坏，估计量会带有一个不可忽略的偏倚（Non-negligible Bias）。如果不对偏倚进行校正，将会扭曲假设检验的尺度（Size），导致错误的统计推断结果。

4.5.1 标准动态面板自回归模型偏误的计算

为了看清楚这个偏倚的产生原因，我们先从一个标准的动态面板自回归模型开始。

考察下面的动态面板自回归模型：

$$y_{it} = \alpha_i + \rho y_{it-1} + e_{it} \tag{4.6}$$

这里，e_{it} 是时间和横截面上均独立同分布的随机变量，均值为 0，方差为 σ^2。我们有观测值 $i=1, 2, \cdots, N$；$t=1, 2, \cdots, T$。上面的模型中，我们关心的是参数 ρ 的估计，而将 α_i 视为无关参数（Nuisance Parameters）。为此，考察如下标准的组间变换（Within-group Transformation）：对式（4.6）在时间上就行求和，于是

$$\sum_{t=1}^{T} y_{it} = T\alpha_i + \rho \sum_{t=1}^{T} y_{it-1} + \sum_{t=1}^{T} e_{it}$$

方程两边同时除以 T，并令 $\bar{y}_i = T^{-1}\sum_{t=1}^{T} y_{it}$，$\bar{y}_{i,\,-1} = T^{-1}\sum_{t=0}^{T-1} y_{it}$ 以及 $\bar{e}_i = T^{-1}\sum_{t=1}^{T} e_{it}$，我们有

$$\bar{y}_i = \alpha_i + \rho \bar{y}_{i,\,-1} + \bar{e}_i \tag{4.7}$$

式（4.6）减去方程（4.7），并令 $\dot{y}_{it} = y_{it} - \bar{y}_i$，$\dot{y}_{it-1}$ 和 $\dot{e}_{it}$ 定义类似，有

$$\dot{y}_{it} = \rho \dot{y}_{it-1} + \dot{e}_{it} \tag{4.8}$$

上面的方程就是通过组间变换后得到的回归方程，该方程中无关参数 α_i 已经被消掉了，而关心参数 ρ 则被保留。对于式（4.8），使用标准的普通最小二乘法进行估计，我们有

$$\hat{\rho} = \frac{\sum_{i=1}^{N}\sum_{t=1}^{T} \dot{y}_{it-1}\dot{y}_{it}}{\sum_{i=1}^{N}\sum_{t=1}^{T} \dot{y}_{it-1}^2} \tag{4.9}$$

将式（4.8）带入式（4.9）中，我们有

$$\hat{\rho} - \rho = \frac{\sum_{i=1}^{N}\sum_{t=1}^{T} \dot{y}_{it-1}\dot{e}_{it}}{\sum_{i=1}^{N}\sum_{t=1}^{T} \dot{y}_{it-1}^2} = \frac{\sum_{i=1}^{N}\sum_{t=1}^{T} \dot{y}_{it-1}e_{it}}{\sum_{i=1}^{N}\sum_{t=1}^{T} \dot{y}_{it-1}^2}$$

上面的方程可以进一步写成

$$\sqrt{NT}(\hat{\rho}-\rho)=\frac{\frac{1}{\sqrt{NT}}\sum_{i=1}^{N}\sum_{t=1}^{T}y_{it-1}e_{it}}{\frac{1}{NT}\sum_{i=1}^{N}\sum_{t=1}^{T}\dot{y}_{it-1}^{2}}-\frac{\sqrt{\frac{T}{N}}\sum_{i=1}^{N}\bar{y}_{i,-1}\bar{e}_{i}}{\frac{1}{NT}\sum_{i=1}^{N}\sum_{t=1}^{T}\dot{y}_{it-1}^{2}} \tag{4.10}$$

依据大数定理，

$$\frac{1}{NT}\sum_{i=1}^{N}\sum_{t=1}^{T}\dot{y}_{it-1}^{2}\rightarrow^{p}\frac{\sigma^{2}}{1-\rho^{2}} \tag{4.11}$$

依据鞅差分的中心极限定理，

$$\frac{1}{\sqrt{NT}}\sum_{i=1}^{N}\sum_{t=1}^{T}y_{it-1}e_{it}\rightarrow^{d}N(0,\ \frac{\sigma^{4}}{1-\rho^{2}}) \tag{4.12}$$

这样由 Slutsky 引理，我们有

$$\frac{\frac{1}{\sqrt{NT}}\sum_{i=1}^{N}\sum_{t=1}^{T}y_{it-1}e_{it}}{\frac{1}{NT}\sum_{i=1}^{N}\sum_{t=1}^{T}\dot{y}_{it-1}^{2}}\rightarrow^{d}N(0,\ 1-\rho^{2}) \tag{4.13}$$

现在主要来考察式（4.10）右边第二项。我们注意到

$$E\left[\sum_{i=1}^{N}\bar{y}_{i,-1}\bar{e}_{i}\right]=NE(\bar{y}_{i,-1}\bar{e})=\frac{N}{T^{2}}\sum_{t=1}^{T}\sum_{s=1}^{T}E(y_{it-1}e_{is}) \tag{4.14}$$

基于回归方程有

$$E(y_{it-1}e_{is})=\begin{cases}\sigma^{2}\rho^{t-s-1} & t\geqslant s+1\\ 0 & t<s+1\end{cases}$$

基于此，可以将式（4.14）改写成

$$E\left[\sum_{i=1}^{N}\bar{y}_{i,-1}\bar{e}_{i}\right]=NE(\bar{y}_{i,-1}\bar{e})=\frac{N}{T^{2}}\sum_{t=1}^{T}\sum_{s=1}^{t-1}\sigma^{2}\rho^{t-s-1}\rightarrow\frac{N}{T}\sigma^{2}\frac{1}{1-\rho} \tag{4.15}$$

这里，式（4.15）的推导用到了 Toeplitz 引理。这一引理可以表述为：

设 a_{ni}，$1\leqslant i\leqslant k_{n}$，$n\geqslant 1$ 和 x_{i}，$i\geqslant 1$ 均是实数满足对每一个固定的 i，$a_{ni}\rightarrow 0$ 以及对所有的 n，$\sum_{i}|a_{ni}|\leqslant C<\infty$。如果 $x_{n}\rightarrow 0$，则 $\sum_{i}a_{ni}x_{i}\rightarrow 0$，同时如果 $\sum_{i}a_{ni}\rightarrow 1$，则 $x_{n}\rightarrow x$ 可以推出 $\sum_{i}a_{ni}x_{i}\rightarrow x$。特别地，如果 a_{i}，$i\geqslant 1$ 是正实数且 $b_{n}=\sum_{i=1}^{n}a_{i}\uparrow\infty$，则 $x_{n}\rightarrow x$ 可以推出 $b_{n}^{-1}\sum_{i=1}^{n}a_{i}x_{i}\rightarrow x$。

将式（4.15）的结果带入式（4.10）中的第二项，结合式（4.11）的结果，我们有

$$\frac{\sqrt{\frac{T}{N}}\sum_{i=1}^{N}\bar{y}_{i,-1}\bar{e}_{i}}{\frac{1}{NT}\sum_{i=1}^{N}\sum_{t=1}^{T}\dot{y}_{it-1}^{2}} \to^{p} \sqrt{\frac{N}{T}}(1+\rho) \tag{4.16}$$

结合式（4.13）和式（4.16）的结果，我们有

$$\sqrt{NT}[\hat{\rho}-\rho+\frac{1}{T}(1+\rho)] \to^{d} N(0,\ 1-\rho^{2})$$

从上面的表达式可以看到，如果在 N 大 T 小的面板数据背景中，组间估计量都不是一致估计量，因为此时的主要偏误（$1+\rho$）$/T$ 都不会随着 N 的增大而趋近于0。也正是因为这一原因，N 大 T 小的面板数据背景中（也就是通常的微观数据背景中），我们一般不适用组间变化来消除无关参数。如果在 N 小 T 大的数据背景下，可以看到，此时 $\sqrt{NT}$ 是 T 的高阶无穷小，估计量不仅是一致的，而且其产生的偏倚是可以忽略不计的。但是在现实应用中，样本的容量都是有限的，很多情形下 N 和 T 的大小都是可比的，因此我们更关心 $N\to\infty$，$T\to\infty$ 以及 $N/T\to\kappa$ 的情形，此时组间估计量的渐近分布是：

$$\sqrt{NT}[\hat{\rho}-\rho] \to^{d} N(\sqrt{\kappa}(1+\rho),\ 1-\rho^{2})$$

从上面的表达式可以看到，组间估计量收敛于一个均值为非零的正态分布。如果不对估计量进行偏误的修正，将会影响统计推断的正确性。

检查前面推导，我们发现最终渐近分布的均值来自式（4.10）的第二项。而这一项之所以存在，是因为其分子的期望非零。对于严格外生的解释变量，由于其与扰动项的当前、历史以及未来都独立，因此其期望为0。对于弱外生的解释变量，由于它会影响扰动项未来的值，因此其期望不是0。因此，弱外生性是需要进行偏误修正的主要原因。

4.5.2 动态门限面板自回归模型偏误的计算

我们继续考察动态门限面板模型偏误的计算。直观上讲，动态门限面板模型偏误计算的方法和标准动态面板模型类似，但计算的过程要复杂很多。这里，我们首先假定已经正确地观测到了门限临界值，针对目前的研究内容，这一假定是合理的。首先，门限临界值可以被一致地估计出来；其次，在大样本意义下，估计的门限临界值与观测到的真实临界值的差异不影响变量系数的分布。

考察下面的动态门限面板模型

$$y_{it}=\begin{cases}\alpha_i^{\dagger}+\rho_1 y_{it-1}+e_{it}, & q_{it}\leqslant\gamma\\ \alpha_i^{\diamond}+\rho_2 y_{it-1}+e_{it}, & q_{it}>\gamma\end{cases}\tag{4.17}$$

因为我们已经正确地观测到了 γ，样本也就被正确地分成了两部分。由于两个区制间的固定效应是不同的，我们只能在每一个区间内使用组间变换来消除固定效应。为此，假定第 i 个个体，有 U_i 个时间观测值是属于第一区制的，V_i 个个体是属于第二区制的。进一步，定义

$$P_i=\{t:\ q_{it}\leqslant\gamma\}$$

$$Q_i=\{t:\ q_{it}\leqslant\gamma\}$$

因此 $U_i=|P_i|$，$V_i=|Q_i|$，这里 $|A|$ 表示的是集合 A 元素的个数。这样，对式（4.17），第一个方程的两边就 P_i 内的指标进行求和，有

$$\sum_{t\in P_i}y_{it}=\sum_{t\in P_i}\alpha_i^{\dagger}+\rho_1\sum_{t\in P_i}y_{it-1}+\sum_{t\in P_i}e_{it}=U_i\alpha_i^{\dagger}+\rho_1\sum_{t\in P_i}y_{it-1}+\sum_{t\in P_i}e_{it}\tag{4.18}$$

方程两边同时除以 U_i，我们有

$$U_i^{-1}\sum_{t\in P_i}y_{it}=\alpha_i^{\dagger}+\rho_1 U_i^{-1}\sum_{t\in P_i}y_{it-1}+U_i^{-1}\sum_{t\in P_i}e_{it}\tag{4.19}$$

用式（4.17）的第一个方程减去式（4.19），我们有

$$\left[y_{it}-U_i^{-1}\sum_{t\in P_i}y_{it}\right]=\rho_1\left[y_{it-1}-U_i^{-1}\sum_{t\in P_i}y_{it-1}\right]+\left[e_{it}-U_i^{-1}\sum_{t\in P_i}e_{it}\right]\tag{4.20}$$

对上面的方程进行 OLS 回归，我们有

$$\hat{\rho}_1=\frac{\sum_{i=1}^{N}\sum_{t\in P_i}(y_{it-1}-U_i^{-1}\sum_{t\in P_i}y_{it-1})(y_{it}-U_i^{-1}\sum_{t\in P_i}y_{it})}{\sum_{i=1}^{N}\sum_{t\in P_i}(y_{it-1}-U_i^{-1}\sum_{t\in P_i}y_{it-1})^2}\tag{4.21}$$

将式（4.20）带入式（4.21）中，我们有

$$\hat{\rho}_1-\rho_1=\frac{\sum_{i=1}^{N}\sum_{t\in P_i}(y_{it-1}-U_i^{-1}\sum_{t\in P_i}y_{it-1})(e_{it}-U_i^{-1}\sum_{t\in P_i}e_{it})}{\sum_{i=1}^{N}\sum_{t\in P_i}(y_{it-1}-U_i^{-1}\sum_{t\in P_i}y_{it-1})^2}\tag{4.22}$$

类似于前面的处理方式，上面的表达式可以写成

$$\sqrt{U}(\hat{\rho}_1-\rho_1)=\frac{\frac{1}{\sqrt{U}}\sum_{i=1}^{N}\sum_{t\in P_i}(y_{it-1}-U_i^{-1}\sum_{t\in P_i}y_{it-1})(e_{it}-U_i^{-1}\sum_{t\in P_i}e_{it})}{\frac{1}{U}\sum_{i=1}^{N}\sum_{t\in P_i}(y_{it-1}-U_i^{-1}\sum_{t\in P_i}y_{it-1})^2}$$

$$=\frac{\frac{1}{\sqrt{U}}\sum_{i=1}^{N}\sum_{t\in P_i}y_{it-1}e_{it}}{\frac{1}{U}\sum_{i=1}^{N}\sum_{t\in P_i}(y_{it-1}-U_i^{-1}\sum_{t\in P_i}y_{it-1})^2}$$

$$+\frac{\frac{1}{\sqrt{U}}\sum_{i=1}^{N}U_i(U_i^{-1}\sum_{t\in P_i}y_{it-1})(U_i^{-1}\sum_{t\in P_i}e_{it})}{\frac{1}{U}\sum_{i=1}^{N}\sum_{t\in P_i}(y_{it-1}-U_i^{-1}\sum_{t\in P_i}y_{it-1})^2} \tag{4.23}$$

这里 $U=U_1+U_2+\cdots+U_N$。根据大数定理

$$\frac{1}{U}\sum_{i=1}^{N}\sum_{t\in P_i}(y_{it-1}-U_i^{-1}\sum_{t\in P_i}y_{it-1})^2\to^p A \tag{4.24}$$

这里，A 是某个正定的矩阵。尽管理论上分析 A 是很困难的，因为涉及门限变量和被解释变量之间的联合分布，但实际上，计算 A 的估计值是非常容易的。这涉及方差的计算，我们详细说明一下，假定 $M=(q_{it}\leqslant\gamma)_{N\times T}$ 是一个 $N\times T$ 是矩阵，其中的每一个元素非 0 即 1，其取 0 还是 1 依赖于 $q_{it}\leqslant\gamma$ 是否满足，满足则取 1、不满足则取 0。定义 Y_{-1} 是 $N\times T$ 维由 y_{it-1} 组成的数据矩阵。为了方便说明，引入 v 表示的是 T 维元素全是 1 的矩阵，则有

$$\hat{A}=\frac{1}{U}tr\{\{[Y_{-1}-[(Y_{-1}\circ M)v./(Mv)]v']\circ M\}$$
$$\{[Y_{-1}-[(Y_{-1}\circ M)v./(Mv)]v']\circ M\}'\} \tag{4.25}$$

这里，"$\circ$" 表示元素乘，"./" 表示元素除，U 是矩阵 M 的所有元素之和。进一步，根据鞅差分的中心极限定理，我们有

$$\frac{1}{\sqrt{U}}\sum_{i=1}^{N}\sum_{t\in P_i}y_{it-1}e_{it}\to^d N(0,\ A\sigma^2) \tag{4.26}$$

据此，我们有

$$\frac{\frac{1}{\sqrt{U}}\sum_{i=1}^{N}\sum_{t\in P_i}y_{it-1}e_{it}}{\frac{1}{U}\sum_{i=1}^{N}\sum_{t\in P_i}(y_{it-1}-U_i^{-1}\sum_{t\in P_i}y_{it-1})^2}\to^d N(0,\ A^{-1}\sigma^2) \tag{4.27}$$

接着，我们来推导

$$E[\sum_{i=1}^{N}U_i^{-1}\sum_{t\in P_i}\sum_{s\in P_i}y_{it-1}e_{is}]=\sum_{i=1}^{N}U_i^{-1}\sum_{t\in P_i}\sum_{s\in P_i}E(y_{it-1}e_{is}) \tag{4.28}$$

对于式（4.27）的计算，我们给出类似的计算方法。由于 U_i 就是矩阵 M 第 i 行的和，因此我们只需考虑如何计算

$$\sum_{t\in P_i}\sum_{s\in P_i}E(y_{it-1}e_{is})$$

为此，我们首先定义一个 $U_i\times U_i$ 的矩阵 J_i。将集合 P_i 中的元素由小到大排列，对于任意一组组合（ii，jj），这里 $1\leqslant ii\leqslant U_i$，$1\leqslant jj\leqslant U_i$。如果 P_i（ii）$<P_i$（jj）+1，则将 J_i 的第（ii，jj）个元素设为 0，这里 P_i（ii）是集合 P_i 由小到

大排列的第 ii 个元素。如果 P_i（ii）$=P_i$（jj）$+1$，则将矩阵 J_i 的第（ii，jj）个元素设为 σ^2，如果 P_i（ii）$>P_i$（jj）$+1$，则计算向量 M_i（P_i（jj），P_i（ii）-2）元素 1 的个数，这里 M_i 是矩阵 M 第 i 行，而 M_i（P_i（jj），P_i（ii）-2）是向量 M_i 从 P_i（jj）到 P_i（ii）-2 的子向量。不妨设 1 元素的个数有 k 个，则矩阵 J_i 的第（ii，jj）个元素设为

$$J_i(ii,\ jj) = \sigma^2\rho_1^k\rho_2^{P_i(ii)-P_i(jj)-2-k} \tag{4.29}$$

由此

$$\sum_{t\in P_i}\sum_{s\in P_i}E(y_{it-1}e_{is}) = v'J_iv$$

这里，v 是元素全为 1 的 U_i 维向量。根据以上的推导我们有

$$\sqrt{U}\left(\hat{\rho}_1 - \rho_1 + A^{-1}\frac{1}{U}\sum\nolimits_{i=1}^{N}U_i^{-1}v'J_iv\right) \to^d N(0,\ \sigma^2A^{-1}) \tag{4.30}$$

接着我们来看对于 ρ_2 的推导。对于式（4.17）第二个方程的两边就 Q_i 内的指标进行求和，有

$$\sum_{t\in Q_i}y_{it} = \sum_{t\in Q_i}\alpha_i^{\diamond} + \rho_2\sum_{t\in Q_i}y_{it-1} + \sum_{t\in Q_i}e_{it} = V_i\alpha_i^{\diamond} + \rho_2\sum_{t\in Q_i}y_{it-1} + \sum_{t\in Q_i}e_{it} \tag{4.31}$$

方程两边同时除以 V_i，我们有

$$V_i^{-1}\sum_{t\in Q_i}y_{it} = \alpha_i^{\diamond} + \rho_2V_i^{-1}\sum_{t\in Q_i}y_{it-1} + V_i^{-1}\sum_{t\in Q_i}e_{it} \tag{4.32}$$

用式（4.17）的第一个方程减去式（4.19），我们有

$$\left[y_{it} - V_i^{-1}\sum_{t\in Q_i}y_{it}\right] = \rho_2\left[y_{it-1} - V_i^{-1}\sum_{t\in Q_i}y_{it-1}\right] + \left[e_{it} - V_i^{-1}\sum_{t\in Q_i}e_{it}\right] \tag{4.33}$$

对上面的方程进行 OLS 回归，我们有

$$\hat{\rho}_2 = \frac{\sum\nolimits_{i=1}^{N}\sum\nolimits_{t\in Q_i}(y_{it-1} - V_i^{-1}\sum_{t\in Q_i}y_{it-1})(y_{it} - V_i^{-1}\sum_{t\in Q_i}y_{it})}{\sum\nolimits_{i=1}^{N}\sum\nolimits_{t\in Q_i}(y_{it-1} - V_i^{-1}\sum_{t\in Q_i}y_{it-1})^2} \tag{4.34}$$

将式（4.20）带入式（4.21）中，我们有

$$\hat{\rho}_2 - \rho_2 = \frac{\sum\nolimits_{i=1}^{N}\sum\nolimits_{t\in Q_i}(y_{it-1} - V_i^{-1}\sum_{t\in Q_i}y_{it-1})(e_{it} - V_i^{-1}\sum_{t\in Q_i}e_{it})}{\sum\nolimits_{i=1}^{N}\sum\nolimits_{t\in Q_i}(y_{it-1} - V_i^{-1}\sum_{t\in Q_i}y_{it-1})^2} \tag{4.35}$$

类似于前面的处理方式，上面的表达式可以写成

$$\sqrt{V}(\hat{\rho}_2 - \rho_1) = \frac{\frac{1}{\sqrt{V}}\sum\nolimits_{i=1}^{N}\sum\nolimits_{t\in Q_i}(y_{it-1} - V_i^{-1}\sum_{t\in P_i}y_{it-1})(e_{it} - V_i^{-1}\sum_{t\in P_i}e_{it})}{\frac{1}{V}\sum\nolimits_{i=1}^{N}\sum\nolimits_{t\in P_i}(y_{it-1} - V_i^{-1}\sum_{t\in Q_i}y_{it-1})^2}$$

$$=\frac{\frac{1}{\sqrt{V}}\sum_{i=1}^{N}\sum_{t\in Q_i}y_{it-1}e_{it}}{\frac{1}{V}\sum_{i=1}^{N}\sum_{t\in Q_i}(y_{it-1}-V_i^{-1}\sum_{t\in Q_i}y_{it-1})^2}+\frac{\frac{1}{\sqrt{NV}}\sum_{i=1}^{N}V_i(V_i^{-1}\sum_{t\in Q_i}y_{it-1})(V_i^{-1}\sum_{t\in Q_i}e_{it})}{\frac{1}{NV}\sum_{i=1}^{N}\sum_{t\in Q_i}(y_{it-1}-V_i^{-1}\sum_{t\in Q_i}y_{it-1})^2} \tag{4.36}$$

这里，$V=V_1+V_2+\cdots+V_N$。根据大数定理

$$\frac{1}{V}\sum_{i=1}^{N}\sum_{t\in Q_i}(y_{it-1}-V_i^{-1}\sum_{t\in Q_i}y_{it-1})^2\rightarrow^{p}B \tag{4.37}$$

矩阵 B 的计算是这样的：假定 $M=(q_{it}\leqslant\gamma)_{N\times T}$ 是一个 $N\times T$ 是矩阵，其中的每一个元素非 0 即 1，其取 0 还是 1 依赖于 $q_{it}\leqslant\gamma$ 是否满足，满足则取 1、不满足则取 0。$M^{\perp}$ 矩阵是 $N\times T$ 维元素全是 1 的矩阵减去 M 所得，v 表示的是 T 维元素全是 1 的矩阵，则

$$\hat{B}=\frac{1}{V}tr\{\{[Y_{-1}-[(Y_{-1}\circ M^{\perp})v./(M^{\perp}v)]v']\circ M^{\perp}\}$$
$$\{[Y_{-1}-[(Y_{-1}\circ M^{\perp})v./(M^{\perp}v)]v']\circ M^{\perp}\}'\} \tag{4.38}$$

这里，V 是矩阵 $M^{\perp}$的所有元素之和。进一步，根据鞅差分的中心极限定理，我们有

$$\frac{1}{\sqrt{V}}\sum_{i=1}^{N}\sum_{t\in Q_i}y_{it-1}e_{it}\rightarrow^{d}N(0,\ B\sigma^2) \tag{4.39}$$

据此，我们有

$$\frac{\frac{1}{\sqrt{V}}\sum_{i=1}^{N}\sum_{t\in Q_i}y_{it-1}e_{it}}{\frac{1}{V}\sum_{i=1}^{N}\sum_{t\in Q_i}(y_{it-1}-V_i^{-1}\sum_{t\in Q_i}y_{it-1})^2}\rightarrow^{d}N(0,\ B^{-1}\sigma^2) \tag{4.40}$$

接着，我们来推导

$$E[\sum_{i=1}^{N}V_i^{-1}\sum_{t\in Q_i}\sum_{s\in Q_i}y_{it-1}e_{is}]=\sum_{i=1}^{N}V_i^{-1}\sum_{t\in Q_i}\sum_{s\in Q_i}E(y_{it-1}e_{is}) \tag{4.41}$$

由于 V_i 就是矩阵 $M^{\perp}$第 i 行的和，因此我们只需考虑如何计算

$$\sum_{t\in Q_i}\sum_{s\in Q_i}E(y_{it-1}e_{is})$$

定义一个 $V_i\times V_i$ 的矩阵 K_i。将集合 Q_i 中的元素由小到大排列，对于任意一组组合（ii，jj），这里 $1\leqslant ii\leqslant V_i$，$1\leqslant jj\leqslant V_i$。如果 Q_i（ii）$<Q_i$（jj）$+1$，则将 K_i 的第（ii，jj）个元素设为 0，这里 Q_i（ii）是集 Q_i 由小到大排列的第 ii

个元素。如果 $Q_i(ii)=Q_i(jj)+1$，则将矩阵 K_i 的第 (ii, jj) 个元素设为 σ^2，如果 $K_i(ii)>K_i(jj)+1$，则计算向量 $M_i^{\perp}(Q_i(jj), Q_i(ii)-2)$ 1 的个数，这里 $M_i^{\perp}$ 是矩阵 $M^{\perp}$ 第 i 行。$M_i^{\perp}(Q_i(jj), Q_i(ii)-2)$ 是向量 $M_i^{\perp}$ 从 $Q_i(jj)$ 到 $Q_i(ii)-2$ 的子向量。不妨设 1 元素的个数有 k 个，则矩阵 K_i 的第 (ii, jj) 个元素设为

$$K_i(ii, jj) = \sigma^2\rho_2^k\rho_1^{Q_i(ii)-Q_i(jj)-2-k} \tag{4.42}$$

由此

$$\sum_{t\in P_i}\sum_{s\in P_i}E(y_{it-1}e_{is}) = v'K_iv$$

这里，v 是元素全为 1 的 V_i 维向量。根据以上的推导我们有

$$\sqrt{V}\left(\hat{\rho}_2-\rho_2+B^{-1}\frac{1}{V}\sum_{i=1}^{N}V_i^{-1}v'K_iv\right)\to^d N(0, \sigma^2B^{-1}) \tag{4.43}$$

这样我们就给出了两个估计量的渐近分布。

4.5.3 动态门限面板模型偏倚的说明

前面两节我们在一个没有自变量的背景下，给出了动态门限面板的估计。如果存在严格外生的自变量，偏误的计算方式是非常类似的，因为偏误产生的原因是弱外生性。而在动态门限面板数据中，只有滞后的解释变量具有弱外生性。

还有一点需要特别说明，在存在解释变量的情况下，偏误会随着解释变量波动的变大而减小。这一结论可以从以下角度进行直观的解释：在存在外生解释变量的情况下，被解释变量的波动可以分为两个部分，一部分是外生解释变量的波动，另一部分是扰动项的波动。弱外生性的产生是由于被解释变量和扰动项历史的相关性，外生解释变量存在与否对被解释变量和扰动项历史相关性的大小没有影响。而偏误可以看成这种相关性经过被解释变量方差校正的结果。鉴于相关性在有外生解释变量的情况下不会改变，而被解释变量的方差在有外生变量的情况下会变大（实际上一般会变大很多），导致计算出来的偏倚会变得非常小。

这一点对下一章的实证分析非常重要。在第 5 章的实证分析中，我们发现偏误校正前的估计结果和偏误校正后的估计结果基本没有差异。在我们看来，这并不奇怪。在我们的回归中，引入了五个控制变量，且回归后发现都是显著的，它们的波动要比扰动项的波动大得多。因此，偏误校正基本没有起到作用。

4.6 本章小结

本章系统整理了门限回归模型的统计推断理论，并提出一套能够估计截距项也有门限效应的动态面板门限回归方法。本书指出，现有的门限回归理论仍然可以在 M-估计理论的框架内进行分析，虽然门限临界值的渐近分布是非标准的，但是其推导可以视为应用标准的 Argmax 连续映射定理。我们用计算机上的密集计算法证实了本书提出的估计方法是可行的。随着样本的增加，估计量的偏误和均方差根（RMSE）都在下降，估计量越来越接近真实的参数值。虽然本书没有给出估计量的渐近性质，但是由于门限回归模型中被广泛证实的 Oracle 性质的存在，使得我们仍然可对估计结果进行统计推断。这一结论为我们下一章对应用动态门限面板模型进行金融深化与经济增长的实证研究奠定了坚实的基础。

5 金融深化与经济增长的实证研究

5.1 引言

金融发展水平与经济增长的关系，无论在金融学领域还是在发展经济学领域，都受到了极大的关注。在过去的30多年时间里，着眼于金融发展水平和经济增长理论关系的研究层出不穷，相关文献不胜枚举。然而，大量的文献并没有为这一重要问题提供令人信服的答案。无论是经济学的理论研究，还是与之相关的实证分析，都充满着极具争议甚至相互矛盾的结论。

莱文（Levine，1997）认为金融发展水平对经济增长有正的贡献，其依据比较全面，有以下几个方面：首先，也是最基本的，作为金融市场产生的初始原因，金融市场能够解决大规模投资所产生的流动性风险。在金融机构缺失的情况下，一些因为流动性风险而不可能发生的投资，由于金融机构的产生成为可能，进而有效地促进了经济增长。其次，金融机构能够将社会的闲散资本聚集起来，并通过市场方式有效配置到最需要的地方。再次，金融机构的出现和发展，解决了资本供求双方信息不对称的问题，使得信息不对称产生的社会成本大大降低。最后，金融机构贷出资本后，有责任和义务监督贷款的企业家和经理人按照符合自身利益的方式行事，由于金融机构的监管能力要高于一般的自然人，因此企业运行的效率会更高，这变相地促进了经济的发展，等等。

认为金融发展对经济增长的贡献不明显甚至是负面的研究也不少见。帕加诺（Pagano，1993）和毛罗（Mauro，1995）认为，引进允许个人避险的金融工具很可能使得预防性储蓄减少，阻碍长期经济增长。卢卡斯（Lucas，1998）认为，金融发展可能引致经济波动，进而降低风险厌恶型投资者的投资兴趣，造成经济增长中断，产出减少。阿雷斯蒂斯（Arestis，2001）认为，由于股票市场的多变性，有可能引致实体经济的不确定性，削弱了经济增长。哈里斯、戴得和法图（Harris，Deidda and Fattouh，2002）认为，在经济发展水平较低时，金融发展和经济增长之间的相关性较弱，甚至有可能负相关。

从以上的对比可以看到，关于金融发展与经济增长之间关系的文献并没有给出一个令人信服且一致的结论。其中一个很重要的原因是，金融发展与经济增长可能存在一种非线性的关系。各种研究因为研究视角的不同、样本期选择的不同，以及控制变量的差异，导致研究的内容可能反映的是非线性关系在某种特定情形下的局部线性特征，结论千差万别自然在所难免。事实上，最近的一些研究文献已经注意到了金融发展与经济增长的非线性关系。理论研究方面包括阿西莫格鲁和齐利博蒂（Acemoglu and Zilibotti，1997）、贝泰勒米和瓦鲁达基斯（Berthelemy and Varoudakis，1996）、格林伍德和约万诺维奇（Greenwood and Jovanovic，1990）、戴得（Deidda，2006）等。相关的实证文献也进一步验证了二者确实是非线性而不是线性关系，如戴得和法图赫（Deidda and Fattouh，2002）、鲁索和瓦克特尔（Rousseau and Wachtel，2002）、里奥哈和瓦列夫（Rioja and Valev，2004）等。

尽管变量之间的线性关系有很多种，但是目前广为接受的一种非线性关系是认为两者之间存在门限效应。冈萨雷斯和朗西埃（Gonzalez and Ranciere，2005）发现，金融发展和经济增长之间的关系存在着发展水平的门限效应，在低收入的水平下，两者之间关系非常弱；在高收入水平下，金融发展对经济增长有正向促进作用。

尽管国内学者对金融发展和经济发展的门限效应作了大量的研究，但是现有的研究文献大多存在一些不足：首先，金融发展和经济增长可能存在强烈的双向因果关系，直接使用门限回归模型去处理，会使得模型存在严重的内生性问题，据此得到的结论是缺乏说服力的；其次，部分学者在借鉴国外研究成果的时候，并没有考虑中国的国情，而直接使用了国外的模型设定与处理方式，例如，黄志淋和董志勇（2013）借鉴鲁索和瓦克特尔（Rousseau and Wachtel，2002）的模型设定，将通货膨胀率设定为门限变量。尽管通货膨胀确为一个重要的指示宏观经济特征的变量，但是就中国的国情而言，通货膨胀的门限效应可能并没有金融发展程度的门限效应那么强。事实上，应用门限效应研究中国金融发展与经济增长的部分文献，如赵振全、于震和杨东亮（2007）、杨俊和刘珺（2008）都发现了金融发展程度具有明显的门限效应。

鉴于以上不足，本书将使用多变量动态门限模型来研究中国的金融发展与经济增长的关系。与其他的文献相比，本章的研究有以下几个特点和创新之处：

首先，与以往只考虑单变量的门限效应回归模型不同，本书考察的是双变量的门限效应模型，现有文献或是以金融发展程度为门限变量，或是以通货膨胀指数为门限变量来考察金融发展与经济增长之间的关系，这些研究均发现了门限效应的存在。如果这些研究结论是可靠的，我们就有必要将两个门限变量纳入一个模型中予以考虑，以避免因遗漏门限变量而导致模型设定错误。本书使用的双变量门限模型可以看成单变量模型的拓展，将以往的门限研究纳入，成为本书模型的特例。

其次，本研究使用的是动态模型，而非以往研究使用的静态模型。由于我们引入了被解释变量的滞后项，使增长之间的动态关系得以刻画。引入动态特征是必要的，经济增长的惯性特征已经为学术界广泛接受，这种动态特征既可能源于代表性厂商对未来经济产生的适应性预期（供给面），也可能源于消费者消费习惯所诱导的固有特征（需求面），还可能源于库存管理所引起的自然惯性等。忽视这一重要特征，将会导致模型设定错误，同样会引起模型的内生性问题。由于动态门限面板模型需要手动编程解决，现有文献很少有使用动态门限面板模型作实证研究的，在金融发展和经济发展的研究中更是少之又少。在笔者的认识范围内，仅发现黄志淋和董志勇（2013）年声称使用了该模型。但是黄志淋和董志勇似乎错误地理解了动态面板模型的含义。在计量经济学中，动态模型指的是回归模型的解释变量包含被解释变量的滞后项。检查黄志淋和董志勇计量方程设定，很容易发现他们的模型并没有含有被解释变量的滞后项，因此其实是静态模型。此外，他们的模型还存在一些其他方面的计量问题：首先，他们的估计方法基于克雷默、比克和诺茨（Kremer，Bick and Nautz，2012）的研究，但是前面我们已经指出，克雷默、比克和诺茨使用了传统的用于线性模型的消除固定效应的方法。对于具有非线性特征的门限模型，这些方法不一定适用。因此，克雷默、比克和诺茨方法的正确性是值得怀疑的。其次，黄志淋和董志勇（2013）的模型与克雷默、比克和诺茨不一样，他们的模型还允许截距项有门限效应。此外，他们证实了通货膨胀这个门限解释变量具有内生性。这样的模型实际上是既允许门限变量具有内生性，又允许截距项具有门限效应。如前文所述，现有的门限理论并没有很好地解决门限变量的内生性问题，甚至鲜有文献讨论这一问题。门限模型对门限变量并不是简单线性关系（门限变量实际上是在划分样本，而不是在均值上对被解释变量作贡献），在这种情况下，即使找到了门限变量合理的工具变量，也并不意味着就解决了估计的非一致问题。黄志淋和董志勇（2013）似乎并没有意识到这些理论问题，套用了克雷默、比克和诺茨的估计方法，由此得到的估计结论的科学性是使得怀疑的。而本书使用的估计方法在前一章的密集实验中已经被证实是正确的，我们的结论将更为可信。

最后，本研究认识到了金融发展与经济增长的双向因果关系，因此对内生解释变量均找了相应的工具变量来回归，而不是简单地使用普通最小二乘法。为了处理门限变量的内生性问题，本书选择使用通货膨胀的滞后期和金融发展的滞后期来作为门限变量，同时在模型设定上允许动态模型滞后期是高阶的，以尽可能保证扰动项在时间上是独立的。通过以上处理，保证模型的扰动项在给定前期信息集下均值为0，进而保证门限变量的弱外生性。我们认为这一处理方式在现有的门限理论框架内是相对较好的。

本章的安排是这样的：第二节介绍本研究涉及的门限回归模型；第三节说明本章实证所使用的数据；第四节给出实证的结果以及相关的经济学分析；第五节是本章的结论。

5.2 解释变量、模型选择与数据

5.2.1 变量选择与数据说明

1）被解释变量

各省份样本期内经济的增长率，本书用 gr_{it} 表示第 i 省份第 t 年的经济增长率。各省份的数据均采用以1978年为基期的实际GDP数据。

2）解释变量

本书用 fd_{it} 表示第 i 省份第 t 年的金融发展程度。关于金融发展水平的度量，最合理的应该是金融工具的总价值与对应的实物财富的比值。但是金融工具种类繁多、金融活动复杂多变，现实中人们很难将其量化，于是各研究文献不得不使用一些更有操作性的替代指标。

现有文献中使用的替代指标大致分为两类：一类是规模指标，一类是效率指标。常见的规模指标包括：M2 与 GDP 的比值（麦氏指标）、金融中介的流动负债（实际用广义货币 M3 或 M2 来衡量）占 GDP 的比值、商业银行和中央银行在总的信用余额中所占的相对份额［即商业银行资产/（商业银行资产+央行资产）］、股票市值/GDP 等。常见的效率指标包括：提供给非金融私人企业的信贷与总信贷的比率、提供给非金融私人企业的信贷与 GDP 的比率、股票交易额/GDP、股市交易总额/股票市值等。需要说明的是，以上关于规模和效率的分类是比较笼统的，很多指标（如股票交易额/GDP）既有规模指标的特征，也有效率指标的特征。

国内关于金融发展的研究用以度量金融发展的指标也不尽相同。赵振全、于震和杨东亮（2007）使用的是国家银行向私营企业及个体贷款总额与名义 GDP 的比值来度量金融发展程度。黄志淋和董志勇（2013）使用的则是金融机构各项人民币贷款余额与名义 GDP 的比值。

本书使用银行部门的规模指标进行金融发展的度量，依据包括如下几个方面：首先，虽然实体经济获得外部融资的渠道存在银行信贷和股票市场两种方式，但是在中国经济的发展过程中，银行信贷对经济的影响远大于股票市场的影响，因此，选择银行部门的指标更加符合我国的基本国情。其次，在选择银行部门指标时，我们倾向于选择规模指标而非效率指标。客观上，效率指标反映了金融发展的质，规模指标反映了金融发展的量。经济增长理论及现有的实证文献基本上都支持经济增长与金融发展的质量之间存在正相关关系。若将研究限定在金融发展的效率指标上，将使得本书只是重复现有文献的结论，可能难以得到新的发现。另外，金融发展的效率指标相对于规模指标而言，其度量的准确程度更差。换句话说，我们可以比较准确地度量金融发展的量，但是却很难准确把握金融发展的质。选择银行部门的规模指标进行金融发展的度量，能够在很大程度上规避因为度量的不准确性而给实证结论造成错误的风险①。最后，我国各地区的银行部门在很大程度上存在相似性，包括相同的管理体制、相同的晋升考核办法、相同的绩效管理规定以及相同的企业文化氛围等。在此背景下，各地区银行之间的效率大体是相当的，而规模则反映了金融发展的水平。

① 由于金融发展是本实证研究中最重要的解释变量，因此它的度量准确性尤为重要。在经典的计量分析中，解释变量的度量误差最直接的后果就是导致内生性问题，进而使得估计量是非一致的。由于金融效率（或者说金融质量）的模糊定义，由金融发展度量的不准确性导致的后果可能远不止度量误差那么简单，虽然度量误差的后果已经很严重。

3）门限变量

本书选择的门限变量是滞后一期的金融发展水平（fd_{it-1}）和滞后一期的通货膨胀率（inf_{it-1}），这里第 i 省份第 t 年的通货膨胀率以各个省份居民消费价格指数（CPI）的百分比比值来代替。使用消费者价格指数出于数据的可获得性，虽然其他一些指数（如生产者价格指数）可能更适合当前的研究。

现有文献选择的门限变量通常为两类：一类是金融特征变量，以金融发展指标为代表；另一类是经济环境变量，通常以通货膨胀率或者人均 GDP 为代表。需要指出的是，考察人均 GDP 的门限效应更多地出现在国别研究中，就本书的中国省级研究背景而言可能并不适用。出于这样的考虑，我们没有将其纳入研究范围①。而对于其余的两类门限变量，不同文献都发现两者的门限效应是存在的。里奥哈和瓦列夫（Rioja and Valev，2004）等发现了金融发展水平的门限效应；而卢梭和瓦赫特尔（Rousseau and Vachtel，2002）、李和黄（Lee and Wong，2005）则发现了通货膨胀的门限效应。赵振全、于震和杨东亮（2007）、杨俊和刘珺（2008）、杜云福（2008）等研究发现了金融发展水平的门限效应存在于中国的金融与经济增长关系中；孔东民（2007）、张天顶和李洁（2011）、黄志淋和董志勇（2013）等发现了通货膨胀门限效应的存在。

虽然上面的文献研究侧重点不一，但是丰富、一致且相对稳定的结论，启发我们两类变量的门限效应可能都是存在的。这进一步鼓励我们使用双变量的门限效应模型，即金融发展指标和通货膨胀指标都是门限效应变量。使用双变量的门限效应模型能够在很大程度上规避模型误设给结论带来错误的风险。

4）控制变量

控制变量主要是控制一些与金融发展和经济发展都相关的因素，以此来缓解模型内生性的问题。现有的文献在选择控制变量上并没有形成一致的看法。这部分源于对经济增长因素的理解尚存在不小的分歧。

经济增长的研究属于经典发展经济学的问题。这一研究甚至可以追溯至亚当·斯密时期，但是就现有的研究来看，经济增长的因素（特别是中国 40 多

① 另一个不使用人均 GDP 作为门限变量的理由是：如果使用的门限变量太多，会导致经济的区制个数太多，估计不准确。举例来说，如果只有一个门限变量，则经济是两区制的；如果有两个门限变量，则经济是四区制的；如果有三个门限变量，则经济是八区制的。在样本观测数量有限的前提下，引入过多的区制会使得单个区制内样本的数量太少，估计准确性大大下降。这实际上存在一个取舍（Tradeoff）问题。

年经济增长的主要因素）并没有获得比较统一的看法，仅部分结论如劳动、资本、技术等基本经济要素的贡献被普遍确认。产生这一现状的原因，作者认为是由于经济系统的演进过于复杂，任何研究都不可避免地存在局限，使得结论有管中窥豹之嫌。现有研究已经证实的对经济增长有贡献的因素，除了劳动、资本、技术外，还包括教育投入、人力资本、市场化程度、投资率、人口增长率和折旧率、政府规模、基础设施水平、产业结构、城市化水平、工业化水平、中央转移支付程度、地理环境差异等（王陆雅、齐天翔和李鲲鹏，2013）。

鉴于现有文献并没有对经济增长的因素形成比较一致的观点，在金融发展与经济增长关系的研究中，控制变量的选择就带有很强的主观色彩。黄志淋和董志勇（2013）选择的是经济增长初始水平、最终消费率、财政支出占 GDP 的比值以及劳动力增长率。他们选择的依据是相关系数不高，能够有效避免多重共线性问题。赵振全、于震和杨东亮（2007）选择的控制变量是劳动力增长率、固定资产投资效率、股市发展程度变化和出口增长率。他们没有给出选择的理由，但是从后面的分析来看，解释变量的相关性即多重共线性问题是他们的一个考量。孔东民（2007）选择的控制变量包括劳动力、资本、出口、贷款余额、物价，但是也没有给出相关的理由。

以上我们列举了一些国内主流期刊上与本研究相关的文献。从这些文献的选择来看，解释变量的低相关性是选择控制变量的主要依据。尽管相关作者认同实证研究中解释变量的相关性是重要的，一个较低的相关性系数矩阵，既能保证模型免受多重共线性的困扰，同时又可以在节省模型（Parsimonious Models）的前提下，尽可能提供被解释变量的信息，提高回归的效率。但是我们想强调的是，回归中引入控制变量的目的是控制解释变量和被解释变量的双向因果关系，在金融与经济增长的研究中，则是为了控制金融发展这一关注变量的内生性问题。如果过度强调避免解释变量的多重共线性，而不是突出它对内生性的控制，就引入控制变量的初衷而言，有本末倒置之嫌。所以，与现有文献有所不同，我们将在经济增长的框架下，寻找那些对金融发展也有明显作用的因素，作为本书的控制变量。值得强调的是，本书并没有因为引入了这些控制变量，就解决了模型的内生性问题，只是谨慎地认为模型的内生性问题在一定程度上得到了缓解。为了进一步解决金融发展的内生性问题，我们在估计模型时使用了工具变量法。

本书使用的控制变量包括：投资率（iv）、政府规模（gs）、人力资本（hc）和劳动人口（lp）。选择这些指标的具体理由以及相关定义，我们将在后面内容中详细介绍。需要指出的是，所有的指标都是面板数据，因此要指明是第 i 省份第 t 年的数据。为了说明的方便，在不引起混淆和误解的前提下，我们将这一限定略去。

本书对投资率的定义是：

投资率=当期固定资产投资完成额÷上期的产出

投资率对经济增长的影响是显而易见的。高投资率意味着当期产出中更多的份额将用于下一期的生产，在下一期的生产中会有更多的资本。因此，投资率某种程度上刻画了资本在经济产出中的贡献。投资率和银行规模之间也存在明显的相关关系，高投资率会带来高银行信贷，进而促进银行业的发展。

本书对政府规模的定义是：

政府规模=当地政府的财政支出÷地区生产总值

本书定义的政府规模是一个有着鲜明中国特色的指标。在过去 40 多年中国的经济发展历程中，各级政府扮演着重要甚至是主导性的角色。大量文献研究了中国政府对经济增长的贡献。这些研究的角度各不相同，有从财政税收角度着手的，指出现有的财政税收体系使得地方政府有极大的激励发展一些与地税相关的行业，以此来改善地方财政；有从市场一体化与市场分割角度研究的，认为现有的官员锦标赛晋升体制使得地方政府有动机发展一些不符合市场经济规律、生产效率低下的企业，并通过各种隐性的市场保护主义，阻碍要素产品流通，维持这些企业的生存；还有从引进外来投资角度研究的，认为政府有激励去改善市场环境，并出台各种人才引进和产权保护措施，以便在吸引外来投资的竞争中能够击败竞争对手，等等。总之，无论这些研究的视角如何，政府在经济增长中的作用被充分承认，而地方政府的规模和银行业的发展更是息息相关。一个最具说服力的例子是很多地方都成立了支持地方发展的银行，比如邯郸银行、武汉银行、上海浦发银行等，这些银行的成立都有地方政府的支持。

本书对人力资本的定义是：

人力资本状况=当地在校本科以上学历人数÷当地就业人口数

人力资本对经济的贡献已经被经济理论所接受，并进入了标准的经济增长模型。而人力资本促进银行业发展的因果关系也很明确。首先，当今银行业发展的一个主要方向就是创新金融工具，而新的金融工具的发明与使用都需要较高的职业素养，良好的人力资本有助于解决这一突出问题；其次，银行在发放商业信贷时，需要对各种投资选择进行评估，该过程需要非常高的专业知识水平，这也体现出银行健康发展对人力资本的依赖；最后，银行的日常运行和管理会产生很多的派生成本，最小化派生成本将使得银行的运营效率更高，自然产生对优秀人力资本的依赖。

本书对劳动人口增长率的定义是：

劳动人口增长率=（当年就业人口-上年就业人口）÷上年就业人口

劳动是一种重要的生产投入，劳动对经济增长的贡献无须赘言。劳动力的增加也会使银行部门的储蓄增加（有更多的人储蓄），进而促进银行业的发展。

以上就是我们选取的控制变量以及相关说明。总的来看，我们引入了资本、劳动和人力资本三个经济增长的基本因素，还引入了政府规模这个体现中国国情的额外因素。需要强调的是，正如前面所分析的，金融发展对经济增长的主要贡献是降低交易成本、优化资源配置、提高监管效率和抑制风险厌恶者投资等。这些因素恰恰是许多文献关注的金融增长正向/负向影响经济增长的渠道。本书引入的控制变量对这些因素并没有显著的因果关系。换句话说，本书通过引入控制变量，控制住了由于一些宏观基本因素造成的金融发展与经济增长的双向因果关系，而金融市场对经济增长的作用机制不受这些控制因素的影响。接下来，通过门限回归模型的系数，我们就可以判断金融市场本身对经济增长的贡献。

5.2.2　实证采用的模型

本章的实证研究，我们将使用下面的双变量动态面板门限回归模型：

$$\begin{aligned} gr_{it} = {} & (\alpha_{i,1} + \rho_{1,1} gr_{it-1} + \cdots + \rho_{k,1} gr_{it-k} + fd_{it}\beta_1) 1(fd_{it-1} \leqslant q_z,\ inf_{in-1} \leqslant q_w) \\ & + (\alpha_{i,2} + \rho_{1,2} gr_{it-1} + \cdots + \rho_{k,2} gr_{it-k} + fd_{it}\beta_2) 1(fd_{it-1} \leqslant q_z,\ inf_{in-1} > q_w) \\ & + (\alpha_{i,3} + \rho_{1,3} gr_{it-1} + \cdots + \rho_{k,3} gr_{it-k} + fd_{it}\beta_3) 1(fd_{it-1} > q_z,\ inf_{in-1} \leqslant q_w) \\ & + (\alpha_{i,4} + \rho_{1,4} gr_{it-1} + \cdots + \rho_{k,4} gr_{it-k} + fd_{it}\beta_4) 1(fd_{it-1} > q_z,\ inf_{in-1} > q_w) \\ & + z'_{it}\Phi + u_{it} \end{aligned} \tag{5.1}$$

这里 $z_{it} = (iv_{it},\ gs_{it},\ hc_{it},\ lp_{it})'$。

关于模型的设定，有以下几点需要说明：

首先，我们使用的是高维动态面板模型，也即被解释变量的滞后阶数并不像通常的研究那样预设成1。在我们的模型里，滞后阶数 k 有可能是大于1的数。之所以这样处理，最重要的原因是我们希望通过高阶项的引入，让扰动项 u_{it} 在时间上是独立的。在动态面板模型里，时间上独立的条件对于模型来讲是至关重要的。在动态面板模型中①，通常的估计方法是采用安德森和肖（Anderson and Hsiao，1981）工具变量法或者阿雷利亚诺和邦德（Arellano and Bond，1991）广义矩（Generalized Method of Moments，GMM）估计法②。其思路是，首先对回归方程在时间上进行差分，消掉固定效应 α_i；接着用 $y_{it-2}y_{it-3}\cdots y_{i1}$ 作为 $y_{it-1}-y_{it-2}$ 的工具变量来估计差分后的方程。这一估计方法有一个很强的假定，就是扰动项在时间上是独立的。如果这个条件不成立，则 y_{it-2} 将是一个错误的工具变量。在本书的实证中，扰动项在时间上的独立性对滞后门限变量的外生性也是很重要的。

其次，本书引入的门限变量都是滞后一期的变量，这种处理是考虑到解决门限变量的内生性。本书的这一设定与现有其他文献的设定有一定的差异。现有文献在处理门限变量内生性时，例如黄志淋和董志勇（2013）都是直接使用内生的门限变量，并为门限变量寻找工具变量。他们的方法主要借鉴的是卡纳和汉森（Caner and Hansen，2004）的文章。但是仔细阅读该文章会发现，卡纳和汉森的研究明确要求门限变量是外生的。由于门限回归中，模型对门限参数而言是非线性的，简单地套用线性模型中发展的两阶段最小二乘估计（2SLS）方法，其估计量的正确性是值得怀疑的。因此本书研究中不会使用类似于黄志淋和董志勇（2013）的处理方式。虽然现有文献也有讨论门限变量

① 这里提到的动态面板模型，都是在大 N 小 T 的数据背景下。通常的动态面板数据模型，由于固定效应的存在，会产生所谓的伴随参数的问题（Incidental Parameters Problem）。在大 N 小 T 的数据背景下，通常固定效应模型估计量（亦被称为组间估计量）是不一致的（Nickel，1981），正是由于这一原因，才有了安德森和肖（Anderson and Hsiao，1981）的时间差分法。需要说明的是，如果是在大 N 大 T 的背景下，则组间估计量仍然是一致的，只不过存在一个不可忽略的偏倚。在大 N 大 T 的背景下，我们一般不愿意采用下文提到的 GMM 方法，因为这时的 GMM 方法会有所谓的海量矩条件偏误（Many Moments Bias），而且随着矩条件的增加，估计的成本也越来越高。

② 布伦德和邦德（Blunder and Bond，1998）发展了一种称为系统广义矩的方法（System GMM）。在他们的方法中，既引入了水平工具变量，又引入了差分工具变量。随着工具变量的增多，估计的方差将会下降，与此同时，估计的偏误将会上升。因此，到底是布伦德和邦德（Blunder and Bond，1998）提出的系统广义矩方法好还是阿雷利亚诺和邦德（Arellano and Bond，1991）提出的差分的广义矩方法好，需要具体问题具体分析。目前的文献有一种看法，就是总认为系统广义矩方法好，笔者认为这种看法是毫无依据的。

是内生的情形，如库尔特洛斯、斯滕戈斯和谭（Kourtellos，Stengos and Tan，2009），但是这一方法有着相当大的局限性。选择滞后一期的值作为门限变量，在计量模型的经济学解释上有额外的收获。由于门限回归模型实际上将样本分割成了不同的区制，而不同的区制对应着不同的经济运转机制。如果我们将经济看成代表性行为人的行为，那么行为人在观测到上一期的金融发展水平和通货膨胀率的值后，其会根据观测到的结果来调整自己的行为。这就形成了经济运作机制与上一期的金融发展水平和通货膨胀率有关的现象。

再次，考虑到引入的控制变量可能存在内生性的问题，本书用滞后一期的值作为工具变量进行回归。本书的被解释变量是经济增长率，这个变量被认为涵盖了经济中多个方面的信息，一般很难找到合适的、令人信服的工具变量①。黄志淋和董志勇（2013）使用的是滞后一期的观测值作为工具变量。本书将使用相同的方式进行处理。

最后，本书的设定意味着门限效应仅仅只存在于金融发展与经济增长的关系中，而并不存在于其他控制变量中。关于这一处理方式的理由有以下几个方面：第一，将门限效应扩展到其他控制变量中，理论上是完全可行的，但是其所导致的后果是模型待估参数会变得很多。这一问题在本书的双门限变量、四区制模型设定中尤为突出。出于节省参数、提高模型自由度的考虑，我们将门限效应仅仅设定在金融发展与经济增长的关系中。第二，从现有的关于经济增长的文献来看，虽然有理论研究表明经济增长存在多均衡态的可能性，但是这种可能性并没有为学术界所广泛接受。目前关于经济增长因素的文献，主流的处理方式仍然是使用线性方程，而不是带有门限效应的非线性方程。借鉴这些文献，我们用线性方程来刻画控制变量与经济增长的关系，与这一主流观点相一致。第三，如果我们将门限效应扩展到所有的控制变量中，意味着经济的门限效应将非常强烈，即金融发展程度或者通货膨胀率超过某个阈值后，经济中

① 寻找工具变量的原则是要求与扰动项不相关，与解释变量高度相关。现实中，同时满足这两个条件并非易事。从现有的理论发展来看，寻找工具变量常常面临这样的困境：一方面，与解释变量高度相关的特征被满足了，但是与扰动项不相关的特征却被破坏了，这种情况常常出现在使用滞后变量作为工具变量的情形中；另一方面，与扰动项不相关的特征被满足了，但是与解释变量高度相关的特征被破坏了，这种情形常常会出现在使用比较曲折的工具变量的文献中。对于后一种情况，一个典型的例子是，用个体样本的出生时间点是在某个事件（比如上学）前还是后的0-1数据作为工具变量来估计回归的某些系数。虽然工具变量的外生性很容易确认，但是因为工具变量的信息量太小，可能会破坏与解释变量高度相关的条件。现有关于弱工具变量的理论研究已经证实，如果工具变量的信息量太弱，则估计一样是不一致的（Stock and Wright，2000）。

所有变量关系都将发生变化，这意味着我们将观测的经济会有一个突变的过程。但是现实中，我们观测到的主要事实是，经济在绝大部分时间段内处于一个渐变的过程中，突变的情形只在非常极端的事件之后才会发生。因此，将门限效应扩展到所有的控制变量与我们观测到的现象不相符。

5.2.3　门限效应的经济学解释

根据上一节的设定，金融发展和经济增长之间存在金融发展水平和通货膨胀水平的门限效应。

1）金融发展的门限效应

首先，金融发展对经济增长的促进渠道之一是通过金融市场和金融机构将一些投资周期长、风险高但收益高的项目风险进行分解。在金融市场和金融机构缺失的情况下，这些投资是不可能发生的。正是因为金融市场和金融机构的存在，这些投资才成为可能，进而促进了经济的增长。但是要金融市场和金融机构能够起到这样的作用，需要一套完善的运作体制，这需要金融发展水平达到一定的程度。这也是金融发展存在门限效应的理由之一。

其次，金融发展对经济增长的促进渠道之二是降低信息不对称和交易成本，使得资本配置更有效率，但这也需要金融发展到一定程度才可能发生。金融发展到一定程度会形成完善的金融市场，随着金融市场的不断发展，市场交易规则被普遍接受，于是形成了稳定的金融制度。金融制度的完善与稳定有助于形成稳定的预期，对金融市场上的借贷以及资源配置有正面、积极的影响。否则，即使金融发展了，也不一定对经济有好的影响。一个典型的例子是地下钱庄，虽然它也提供了融资的渠道，但是由于其非法特征，地下钱庄的借贷来自行为人的私人声誉，并没有一套普遍接受的制度规则。因此，地下钱庄对经济增长的影响，一方面因为融资特征有正面作用，另一方面又因为会产生逃债违约等金融风险而存在负面效应。总的来看，这种融资方式不一定对经济有积极的影响。

2）通货膨胀的门限效应

首先，当经济处于高通货膨胀状态时，行为人的预期开始变得不稳定，并开始影响经济中行为人的行为。此时，经济系统的信息流因为行为人方式的改变变得不再准确。金融市场的一个重要功能就是通过降低信息不对称以及提高监管效率来增加经济运行的效率。此时，由于银行系统所获得的信息流变得不再准确，金融市场的这两项功能都在不同程度地丧失。

其次，当通货膨胀处于较高状态时，银行为了应对不断累积的挤兑风险，将会以更谨慎的态度进行投资。在此状态下，银行实际上是一个极度风险厌恶的投资人。相比较而言，在没有银行系统的环境下，个体投资人虽然整体上也是风险厌恶的，但它是以分布的形态出现的，总会有一部分风险偏好型投资人进行投资。因此，在高通货膨胀状态下，银行部门的存在实际上抑制了投资。

最后，在高通货膨胀状态下，经济系统处于极度的不稳定状态，而银行部门首当其冲，事实上，银行部门自身可能正是诱发经济危机的源头。建立金融市场并通过其对实体经济进行有效融资，这样一个美好的目标可能演变成对实体经济的直接伤害。

5.2.4 数据说明

通货膨胀是一个非持续变量，在不稳定的金融系统中，可能在短时期内发生由正变负的反转，或者由温和通货膨胀向恶性通货膨胀的转变。因此，用通货膨胀直接解释金融发展与经济增长的关系是不合理的，这意味着一个国家金融发展与经济增长的关系会在短时期内发生反转，所以本书将通货膨胀选为门限变量。当通货膨胀低于这一门限值时，金融发展与经济增长之间的关系是不变的；当通货膨胀高于这一门限值时，金融发展与经济增长之间的关系也是一样不变的。

本章的数据来自《新中国六十年统计资料汇编》和中经网。由于浙江、四川等省份的居民消费者价格指数存在缺失的情况，我们用当年的城镇居民的消费者价格指数替代。根据我们的观察，虽然各省份的城镇居民消费者价格指数与总的居民消费者价格指数存在一定的差异，但是差异非常小，因此可以合理地近似。还有部分省份的数据存在个别缺失的情况，我们用简单求平均的方式对其进行了插值补全。

我们考察的样本是 29 个省份，它们是：北京、天津、河北、山西、内蒙古、辽宁、吉林、黑龙江、上海、江苏、浙江、安徽、江西、福建、山东、河南、湖北、湖南、广东、海南、广西、贵州、云南、四川、陕西、甘肃、青海、宁夏、新疆。因为西藏数据严重缺失、重庆单独设市，没有纳入我们的考察。另外，遵循通常的研究思路，我国香港、台湾、澳门三个地区因为存在不同的经济制度和发展环境，也被排除在我们的样本之外。

5.3 实证结果

本节我们将给出主要的实证结果，下面是关于数据的一些讨论。

5.3.1 数据的平稳性问题

经济数据可能存在非平稳的情况。如果忽视数据的非平稳性的问题，可能导致回归是伪回归（Spurious Regression）[①]。为了避免伪回归的出现，一般在实证之前都要作平稳性的检验，比如 ADF 检验或者 PP 检验。按照通常的实证思路，本书需要在回归之前对所有的变量进行平稳性检验。基于下面两个原因，我们有理由认为不作平稳性检验也是合理的。

首先，本书所有的数据都是比率，而且这些比率的值一般都有上限，比如我们度量金融发展的指标是计算的金融机构贷款余额对名义 GDP 的比值。就这个指标的计算方式来讲，金融发展指标是有上限的，否则经济会崩溃。而对于非平稳数据而言，由于是随机变量的累积，其值是随机无界的，这种特征用于刻画一些水平值是合理的（如 GDP），但是用来刻画比率值则未免牵强。因此，从经济数据特征和经济理论两个角度来看，本书使用的数据更具有平稳性特征，而不是非平稳性特征。

其次，单位根检验理论本身存在一些缺陷，使得我们作单位根检验的意义不大。传统的单位根检验，例如 ADF 检验和 PP 检验，受到严重低势（Low Power）的困扰。在统计学检验中，势（Power）的定义是 1 减去犯第二类错误的概率（也即不犯第二类错误的概率）。而第二类错误的定义指的是在备择假设下接受零假设的概率。单位根检验中，势指的是数据是一个平稳过程（备选假设）时，正确判断其是平稳过程的概率。低势意味着，如果数据是一个平稳过程（特别是一个近单位根过程的平稳过程，如自相关系数为 0.9 的自回归过程），单位根检验将会以非常大的概率接受其是一个单位根过程的原假设。由于单位根检验的低势问题，早期的关于单位根检验的实证文献发现几乎 95%以上的经济数据都是非平稳的。此方面的经典研究来自尼尔森和普洛瑟

① 所谓的伪回归其实就是伪相关。对于两个独立的随机游走序列，如果我们用其中一个序列对另一个序列进行回归，由于独立性，一般前面的回归系数应该是不显著的。但是有坚实的理论证实，其回归的系数不仅显著，而且 t 统计量以 1 的概率发散到无穷大。这样，我们实际上是以 1 的概率在拒绝原假设。这种虚假的回归称为伪回归。

（Nelson and Plosser，1982），他们对美国的 14 个主要宏观经济指标进行研究后发现，其中的 13 个是非平稳的。现有的很多经济数据都有很高的持续性（即一个较大的自回归系数）。例如，罗杰夫（Rogeff，1996）对汇率相关文献的研究指出，汇率对冲击的反应有一个约两年半的半衰期。实证研究中，我们通常声称未能拒绝单位根过程，并不意味着真实数据就是单位根过程，也很有可能是因为单位根检验低势所引起的第二类错误造成的。

现有文献对提高单位根检验有过一些研究，一个重要的发展方向就是所谓的面板单位根检验。需要指出的是，面板单位根检验其实远未成熟。早期的单位根检验（也有人称为第一代面板单位根检验），如 LLC 检验、IPS 检验，一般都假定各个横截面个体之间是独立的，这个假定在现实中并不成立。奥康纳（O'connell，1998）在研究购买力平价时就指出数据之间横截面之间的相关性是非常强的，有的甚至高达 0.9，忽视这些相关性盲目地进行面板单位根检验会使得检验的结果出错（名义上 5%的显著性水平可能对应的是 50%以上的显著性水平）。后来的一些研究发展了面板单位根检验理论，允许横截面有相关性，例如白和吴（Bai and Ng，2004）的 PANIC 检验，但是这些检验对数据相关性产生的原因都作了比较具体的设定，而现实中，数据的相关性是否可以这样刻画是需要进一步论证的。白和吴的 PANIC 检验实际上只是允许数据横截面之间存在强相关并不允许出现弱相关①，但现实的数据很可能既有强相关也有弱相关，用 PANIC 检验仍然有显著性水平扭曲的风险。

简言之，现有的单位根理论并不能很好地回答数据是否平稳的问题。结合上述两方面的理由：一方面，基于数据特征和经济学的一些基本判断，我们有充分的理由认为所计算的数据是平稳的；另一方面，现有的单位根检验并不能令人信服地回答数据是否是平稳的，本书将不对现有的数据作平稳性分析。

5.3.2 传统回归模型的结果

表 5-1 和表 5-2 给出了传统的静态面板模型和动态面板模型的估计结果。在静态模型中，我们给出了固定效应和随机效应的估计，在动态面板模型中，我们给出了差分广义矩和系统广义矩的估计（在动态模型中，我们只考虑了固定效应）。

---

① 强相关的定义是数据之间的相关性并不随着两者之间距离的增加而下降。弱相关的定义是数据之间的相关性随着距离的增加而下降。

表 5-1　静态面板回归的估计结果

变量	增长率	
	固定效应	随机效应
金融发展	-0.054 8 [0.011 0] (-4.98 ***)	-0.046 3 [0.009 5] - (4.88 ***)
政府规模	-0.487 3 [0.078 9] (-6.18 ***)	-0.332 0 [0.042 5] (-7.81 ***)
投资率	0.316 7 [0.020 4] (15.52 ***)	0.275 9 [0.018 1] (15.28 ***)
人力资本	-1.796 [0.531 0] (-3.38 ***)	-0.920 9 [0.330 0] (-2.79 ***)
劳动增长率	0.386 9 [0.093 0] (4.16 ***)	0.371 7 [0.092 4] (4.02 ***)
R^2	0.219 1	0.229 8

注：表中第一行是估计系数，中括号内的是估计的标准差，小括号内的是计算的 t 统计量。*** 表示 1%显著性水平下显著，** 表示 5%显著性水平下显著，* 表示 10%显著性水平下显著。以下表格都同此处理。

表 5-2　动态面板回归的估计结果

变量	增长率	
	Difference GMM	System GMM
增长率 (-1)	0.388 0 [0.028 5] (13.66 ***)	0.432 4 [0.024 6] (17.59 ***)
金融发展	-0.051 5 [0.012 0] (-4.29 ***)	-0.051 3 [0.011 6] (-4.41 ***)

续表

变量	增长率	
	Difference GMM	System GMM
政府规模	−0.430 7 [0.085 4] (−5.04***)	−0.363 8 [0.073 9] (−4.92***)
投资率	0.277 4 [0.020 2] (13.75***)	0.310 4 [0.019 2] (16.14***)
人力资本	−2.000 [0.550 1] (−3.64***)	−2.918 9 [0.521 2] (−5.60***)
劳动增长率	0.340 7 [0.082 2] (4.15***)	0.541 8 [0.081 8] (6.62***)

总的来看，同一模型内给出的结果比较一致，系数虽然有差异，但是差异不大，而且符号吻合。另外，两种模型给出了一些合理的结果：两组模型均认为投资率和劳动增长率的增加有助于经济增长，而政府规模越大，对经济的增长就越不利。这些方面与现有的经济理论是吻合的。投资率和劳动增长率的增加意味着生产函数中资本和劳动的投入增加，经济的增长也随之提高。另外，政府的规模越大，政府对市场的干预就越强，资源的配置效率越差，经济的表现也越差。但是也存在一些令人困惑的地方，比如，两个模型均认为人力资本的提高对经济增长的贡献是负的。虽然人力资本的提高导致了劳动成本的上升，但是总的来看，人力资本对经济的贡献是正的才符合经济学的常识。还有就是金融发展对经济增长的贡献是显著为负的，这意味着在过去的 40 多年里，贷款越多的省份，经济增长也差。这显然不符合我们的直觉。

当然，上面两个模型的结果只是用于作对比，并不是我们研究的最终结果。

5.3.3　双变量动态门限模型的回归结果

表 5-3 给出了双变量动态门限回归模型的结果，这是本书最重要的实证

结果。

表 5-3 双变量动态门限面板回归的估计结果

变量	增长率	
	区制	估计
增长率（-1）	Regime One FD（-1）≤0.744 2 Inf（-1）≤5.8%	0.379 8 [0.193 5] (1.963**)
金融发展	Regime One FD（-1）≤0.744 2 Inf（-1）≤5.8%	0.001 2 [0.011 4] (0.010 5)
增长率（-1）	Regime Two FD（-1）>0.744 2 Inf（-1）≤5.8%	0.129 5 [0.046 7] (2.773***)
金融发展	Regime Two FD（-1）>0.744 2 Inf（-1）≤5.8%	0.132 0 [0.029 1] (4.536***)
增长率（-1）	Regime Three FD（-1）≤0.744 2 Inf（-1）>5.8%	0.914 6 [0.119 8] (7.634***)
金融发展	Regime Three FD（-1）≤0.744 2 Inf（-1）>5.8%	-0.038 1 [0.005 0] (-7.620***)
增长率（-1）	Regime Four FD（-1）>0.744 2 Inf（-1）>5.8%	0.457 3 [0.089 7] (5.098***)
金融发展	Regime Four FD（-1）>0.744 2 Inf（-1）>5.8%	-0.113 2 [0.011 6] (-9.759***)
政府规模	—	-0.393 2 [0.061 2] (-6.425***)

续表

变量	增长率	
	区制	估计
投资率	—	0.487 0 [0.142 0] (3.429***)
人力资本	—	2.047 6 [0.733 1] (2.793***)
劳动增长率	—	1.492 9 [0.262 8] (5.681***)

由于本书的实证结果是手动编程解决的，很多不具有决定性的统计量在编写程序的过程中被省略掉了。这些统计量包括：假设滞后一期的工具变量是正确的工具变量的前提下，检验解释变量是否与扰动项正交的 Hausman 检验；假设单变量门限模型是正确的前提下，检验双变量门限模型设定相对于单变量门限模型设定的似然比检验；关于扰动项是是否存在时间上的一阶相关性的 Abond 检验（Arellano and Bond，1991）。

没有计算 Hausman 检验的原因是：

首先，该检验的前提是已经找到了正确的工具变量，这个要求明显过于苛刻。尽管本书使用了滞后一期作为工具变量，但这是一种相对保守的处理方法。现有的方法很难去验证某个工具变量是否是正确的工具变量。其次，这个检验通过或者没有通过，似乎并不说明什么。如果检验通过，则解释变量不存在内生性。但是这种内生性指的是线性模型中的不相关，而不是独立，换作非线性模型是否成立还值得怀疑。此外，像金融发展这种解释变量，仅凭经济学的理论和内生性问题的基本特征，就可以断定应该存在内生性问题。如果检验证明其存在内生性，不能说明任何问题。相反，如果检验说明其没有内生性，反而说明检验不可信。

没有计算似然比检验的原因是：

首先，如前面文献综述中所指出的，很多文献都已经发现了金融发展的门限效应和通货膨胀的门限效应，因此现有文献的经验证据足以支持使用双变量的门限模型。其次，检验双变量门限效应的统计量比较复杂，且可能出现不一致的结果。如果要对双变量门限模型的门限效应进行检验，则原假设应该是一个单变量的门限效应模型。这时会存在两种原假设，一种是存在金融发展门限效应的单变量模型，另一种是存在通货膨胀效应的单变量模型。对于检验自然也会有两个，而两个统计量检验相同的问题是比较棘手的，有可能出现一个统计量认为原假设应该接受，另一个统计量认为原假设应该拒绝的情况。到底用哪个检验结果，则很难说清楚。最后，这个检验即使要做，算出了统计量的值，统计量分布的临界值也不好计算。在经典的门限模型中，似然比检验的临界值是通过自助法得到的。本书的模型是双变量模型，其自助法更为复杂。在没有现成软件的情况下，需要编写很长的程序。在小问题上花费大量时间，并不是一个合理的处理方式。

没有作 Abond 检验的原因是：

首先，Abond 检验是针对动态面板模型的，具体点，就是针对动态线性面板模型的，而本书是动态非线性模型，Abond 检验是否成立尚不得而知。其次，这里之所以要作 Abond 检验，一个重要的原因是确保扰动项在时间上是不相关的，这样滞后一期值作为工具变量就有了合理性。为了达到这一目的，我们可以用一种替代的方法，即变种的 AIC（赤池弘治信心准则）或者 BIC（贝叶斯信息准则或者锡瓦茨信息准则）的值来确定滞后阶数。标准的 AIC 和 BIC 是

$$AIC=-2\ln L+2k$$

$$BIC=2\ln L+k\ln n$$

其中，k 是参数个数，n 是样本数，而 $\ln L$ 是对数似然函数值。

在我们的计量方程中，本书的估计方法本质上是计算的残差平方和，并没有计算极大似然函数值，因此我们无法直接使用 *AIC* 或者 *BIC*。这里可以借鉴白和吴（Bai and Ng，2002）的方法，使用以下变种的 AIC 或者 BIC 来估计：

$$AIC=-2\ln SSR+2k$$

$$BIC=-2\ln SSR+k\ln n$$

这里，*SSR* 表示的是残差平方和，其计算方法是将估计的参数值代入式（5.1），计算残差，由此得到残差平方和。据此，我们通过 *AIC* 或者 *BIC* 来确定式（5.1）中滞后解释变量的滞后阶数。如果滞后阶数是 2，则意味着滞后一阶是不够的，这也意味着滞后一阶的情况下，残差会有自相关的问题。经过计算，*AIC* 的值和 *BIC* 的值都是在滞后一阶的时候取值最小，因此滞后一

阶是合理的。

最后，本书给出的结果是经过偏误修正后的结果。需要说明的是，实证发现，偏误修正前的结果和偏误修正后的结果差距不大。这在实证中是比较常见的现象。一般来讲，只有在纯粹的自回归模型中（或者在本书背景下的 TAR 模型中），误差修正才是重要的。

5.3.4　实证结果分析

本书的实证结果大致可以概括如下：当金融发展水平和通货膨胀水平都较低时，金融发展对经济增长的贡献为微弱的正向关系；当金融发展水平较高、通货膨胀水平较低时，金融发展水平的提高显著地提高了经济的增长水平；当金融发展水平较低、通货膨胀水平较高时，金融发展对经济增长起抑制作用；当金融发展水平和通货膨胀水平都较高时，金融发展将严重抑制经济的增长。

1）实证结果解析

对于这一实证结果，可以从以如下角度进行解析：

首先看通货膨胀水平处于较高状态时的情况。当通货膨胀处于高水平时，经济系统中的行为人对未来的预期变得不稳定。对银行来讲，对于一些潜在的投资项目，预期收益的评估变得更为困难。一般情况下，银行在评估项目收益上相对于普通行为人有着信息流上的优势。但是在高通货膨胀时期，信息流的质量明显下降，部分信息流甚至充斥着错误的信息。这样，在高通货膨胀下，银行相对普通投资者的信息优势消失了。不仅如此，银行作为投资人，普遍都是极度风险厌恶型的。在通货膨胀较高、风险较大的情形下，银行为了保证还贷的能力，将更不愿投资。与之相比，如果没有银行部门，资本掌握在广大个体行为人手中，由于个体行为人的风险偏好是一个分布，即使在通货膨胀较高的时候，仍然会有一部分风险偏好型行为人愿意进行投资。因此，在通货膨胀较高的时候，银行部门的存在某种程度上会抑制投资。另外，在通货膨胀较高时，银行对投资对象的行为监管也变得困难。在通货膨胀处于高水平时，整个市场都处于一种非有序状态，银行的监管对象（也就是企业）的行为将会发生变化，银行很难，也不应该用一种标准来规范企业的行为。相应地，银行的监管能力也被削弱了。尽管在通货膨胀较高的背景下，银行分散行为人风险的功能还是存在，但是银行部门推出的一些金融产品以及金融杠杆因为高通货膨胀又加速了风险的累积，这两方面因素导致的最终结果取决于金融发展水平和金融结构。当金融发展水平较高时，金融杠杆的负面影响更强一些，此时金融发展水平对经济增长的抑制作用更为明显。因此，在通货膨胀水平较高的情况下，金融发展水平越高，对经济的抑制作用越明显，实证的结果也与这一结论相吻合。在第四区制，也就是高通货膨胀、高金融发展水平的区制中，金融发展水平每增加1%，经济的增长率则减少0.113%。而在第三区制，也就是高通货膨胀、低金融发展水平的区制中，金融发展水平每增加1%，经济的增长率则减少0.038%。总的来看，在通货膨胀较高的经济环境中，金融市场对经济增长促进的一些因素，比如有效地分散风险、配置资本、信息优势、监管优势等，都不同程度地出现弱化甚至是丧失的情况；而金融市场对经济增长的一些不利因素，如金融风险放大了实体经济风险、因风险累积而更多进行预防性储蓄等因素则在不断强化，并起到主导性作用。最终的结果是，在通货膨胀水平较高的情况下，金融发展对经济增长的作用是负面的。

其次看通货膨胀水平处于较低状态时的情况。当通货膨胀处于较低状态时，金融发展对经济增长的贡献与金融发展水平有关系：当金融发展水平较低时，金融发展水平对经济增长的贡献是微弱的正向关系，但在统计上可以认为没有贡献；而金融发展水平较高时，金融发展水平对经济增长的贡献是显著的正向关系，金融发展水平每增加1%，经济的增长率增加0.132%。这一结果可以作这样的解读：当金融发展水平较低时，金融市场对经济增长的促进因素，如信息优势、监管优势等，都不能很好地体现出来。特别是在金融发展初期，银行的主要功能是吸纳储蓄，并有针对性地对某些项目进行信贷，银行的信息优势体现得并不明显，而对投资对象的监管职能则可能还没有建立起来。在这种情况下，金融系统对经济的促进因素或许是存在的，但是功能有限，效果不明显。只有当金融系统发展到一定水平之后，金融系统对经济的促进因素才能够显示出来。

如果将表5-3的结果和前面表5-1和表5-2的结果进行比较，我们会发现一些比较有意思的结果。在静态面板模型中，固定效应下，金融发展水平每增加1%，经济增长率下降0.054 8%，在随机效应下，金融发展水平每增加1%，经济增长率下降0.046 3%；在动态面板模型中，在差分广义矩的方法下，经济增长每增加1%，经济增长率下降0.051 5%，在系统广义矩的方法下，经济增长每增加1%，经济增长率下降0.051 3%。综上，从传统模型给出的结果来看，无论是动态模型还是静态模型，无论是随机效应还是固定效应，无论是差分广义矩方法还是系统广义矩方法，得到的结果都是金融发展水平每增加 1%，经济增长率下降约 0.05%。但是如果用四区制的动态门限面板模型，在这四个区制中，金融发展水平对经济增长率的贡献分别是 0%、0.132%、-0.113%、-0.038%。对这四个数作简单求和，结果是-0.02%。这与前面传统模型的-0.05%，虽然数值上有一些差异，但是有着相同的符号。这意味着传统模型没有依据通货膨胀值和金融发展水平值对样本进行分割，得到的只是一个比较笼统的结果，忽视了很多结构性的内容。而这些结构性的内容很重要，无论对计量结果还是经济学分析，都可起到决定性的作用。

2）回归系数分析

接下来，我们逐一分析其他回归系数：

首先看自回归系数。在区制一，即低通货膨胀、低金融发展水平的区制中，自回归系数是 0.378 9；在区制二，即低通货膨胀、高金融发展水平的区制中，自回归系数是 0.129 5；在区制三，即高通货膨胀、低金融发展水平的区制中，自回归系数是 0.914 6；在区制四，即高通货膨胀、低金融发展水平的区制中，自回归系数是 0.457 3。而在传统的动态面板模型中，差分广义矩估计的结果是 0.388 0，系统广义矩估计的结果是 0.432 4。平均来看，传统的面板模型估计的自回归系数大概在 0.4 左右，而四个区制的自回归系数的平均值大概是 0.47。同样，虽然结果还是有一定的差异，但一定程度上也说明了为什么传统的动态模型给出的结果是 0.4 左右。另外还有一点需要特别关注，在低通货膨胀、高金融发展水平的区制中（区制二），自回归系数值比较低，只有 0.129 5；而在相反的高通货膨胀、低金融发展水平的区制中（区制三），自回归系数值非常高，达到 0.914 6。我们对于这个结果的理解是：相比较于其他状态，当通货膨胀处于较低状态，金融发展水平较高时，整个市场处于一种有序状态，而较高的金融发展水平强化了政府对市场干预的能力。在此状态下，政府通过金融系统对市场的干预最为有效。这样，一个冲击到来之后，对经济的影响会因为政府的反周期操作而很快消失。在区制二中，假设 0 时刻来了 1 单位冲击，在保持其他变量不变的条件下，经过一期之后，这个冲击只有 0.129 5 个单位，再经过一期，这个值只有 $0.129\ 5^2$ 个单位，消失得非常快。所以，在区制二中，自回归系数小反映了政府熨平经济周期的能力在这种区制中是很强的。在区制三中，也就是通货膨胀水平很高、金融发展水平较低的区制中，由于通胀水平很高，经济系统某种程度上处于预期不稳定状态。在这种区制中，一个经济冲击来了之后很容易被放大，而这时金融发展水平又比较低，政府通过金融系统影响实体经济的能力极为有限。在此情况下，一个冲击来了之后可能要经历很长的时间才会慢慢消退，自回归系数为0.914 6反映了这一事实。当经济系统遭受1单位冲击之后，经过一期的时间，其冲击的效应还有0.914 6单位，经过两期的时间，冲击的效应还有0.9146^2个单位，依此类推。区制一中的自回归系数0.378 9，区制四中的自回归系数是0.432 4，介于区制二的0.129 5和区制三中的0.914 6之间，反映了在这两个区制中，政府熨平经济周期的能力介于区制二和区制三之间。

其次看控制变量系数的情况。政府规模前面的系数为负，意味着政府规模越大，对经济增长的抑制作用就越强。这一点与已有的一些专门针对政府规模的研究结论是一致的。比如汪德华、张再金和白重恩（2007）发现，法制水平越高的地方，其服务业水平越高；而政府规模越大的地方，其服务业水平越低。而且无论是政府支出规模还是政府投资规模，对服务业的影响都是负的。由于服务业是国民经济中的一个重要组成部分，他们的研究实际上暗含着政府规模越大、经济增长越慢的结论。周黎安和陶婧（2009）则研究了政府规模、市场化和地区腐败之间的关系。他们的研究发现，政府规模的扩大会加大地区之间腐败案件的发生率，在一些核心的党政部门，这种倾向尤为明显。如果我们将腐败的后果理解为一种非市场行为所产生的资源配置，那么政府规模越大，腐败案件的发生率也越大，资源扭曲性配置问题就会越严重，进而会影响经济的增长率。李村璞、赵守国和何静（2010）用非线性模型研究了政府规模和经济增长之间的关系，他们的研究也显示，政府规模无论以一种什么样的指标进行度量，都和经济增长是反向关系。需要说明的是，在一个经济体中，政府规模是否越小越好，这是一个值得进一步探讨的话题。政府规模越大，政府干预市场能力就越强，而政府很难管住有形的手，很难做到尽量不去干预市场。但是也应该看到，政府在提供一些重要的公共品方面有着不可替代的作用，如果政府的规模过小，在提供公共品方面将有心无力，因此政府规模过小不见得是一件好事。经济系统中，政府规模理论上应有一个最优的值。当然，这个值难以直接度量，它跟法制环境、文化背景、政府结构以及政府所关心的内容都有关系。在中国的研究背景中，本研究及其他的相关研究都找出了一些政府规模对经济增长为负的论据，认为中国地方政府的规模已经超过了最优的范围，合理降低政府规模应是正确的改革方向。

而投资率、劳动增长率和人力资本前面的系数为正且显著，说明这三个因素对经济的增长起到正向促进作用。这并不奇怪，在一个标准的拉姆齐模型中，资本、劳动和人力资本对经济增长的作用机制已经被严格证明了，现有的文献也普遍支持这一结果。关于经济增长的文献非常多，这里我们不再一一列举。关于现有的实证结果，有一点值得注意：本书的实证结果显示，资本的增长弹性（本书计算的是百分比值，可以近似地理解为弹性）为 0.487，而劳动的增长弹性为 1.492 9，劳动的增长弹性大于资本的产出弹性，这一点让人费解。一般来说，中国是一个资本相对缺乏但劳动力富足的国家，资本的增长弹性应该高于劳动的增长弹性。为此，我们对结果和数据进行了重新检查，认为产生这个结果的主要原因是本书使用的都是增长率指标。2000 年以后，我国的劳动力增长率上升非常缓慢，部分地区和部分时间甚至出现了劳动力增长率为负的情况，而在样本期内，我国资本增长率相对来说比较稳定，每年都是以正值在增长，从数据角度来看，我国的劳动增长率较小，而资本增长率较大，估计的系数值是这一数据特征的反映。

5.3.5 稳健性检验

下面进一步考察上面结果的稳健性。

现有文献考察稳健性问题的常见做法是用一种替代指标来估计金融发展，例如黄志淋和董志勇（2013）用存款余额和贷款余额之和除以 GDP 的值来替代性地表示金融发展指标。本书的处理有所不同，稳健性考察方式是删除最后一年的观测值，然后将删除后的样本带入模型进行估计，看估计结果的正负号是否与未删除的结果相吻合。处理方法本身不存在严格意义上的优劣之分，但我们认为本书的处理更适合金融发展与经济增长的关系研究。首先，金融发展对经济增长的作用是通过对企业的贷款来实现的。若引入存款来表征金融发展水平，将看不清金融发展水平这一指标如何促进经济的发展。其次，存款和贷款是银行部门资金流业务进出的两个方面，将两者相加显然重复计算了银行部门的规模。虽然这个指标只是替代性指标，但是即使替代性指标，也要有充分的合理性，否则计算出来的结果用来作稳健性验证是缺乏说服力的。最后，黄志淋和董志勇使用的稳健性检验实际上是考察金融发展指标度量的稳健性，既然他们的稳健性检验证实这个指标度量是稳健的，本书计算和他们是一样的，也就没有必要再作一次同样的稳健性检验。

表 5-4 是删除最后一年观测值的估计结果。

表 5-4　双变量动态门限面板回归的估计结果（删除最后一年观测值）

变量	增长率	
	区制	估计
增长率（-1）	Regime One FD（-1）<0. 813 2 Inf（-1）<5. 6%	0. 523 3 [0. 144 6] (3. 619***)
金融发展	Regime One FD（-1）<0. 813 2 Inf（-1）<5. 6%	0. 011 2 [0. 021 2] (0. 528 3)
增长率（-1）	Regime Two FD（-1）≥0. 813 2 Inf（-1）<5. 6%	0. 212 2 [0. 114 5] (1. 853 2*)
金融发展	Regime Two FD（-1）≥0. 813 2 Inf（-1）<5. 6%	0. 094 7 [0. 035 2] (2. 690***)
增长率（-1）	Regime Three FD（-1）<0. 813 2 Inf（-1）≥5. 6%	0. 826 6 [0. 126 4] (6. 539***)
金融发展	Regime Three FD（-1）<0. 813 2 Inf（-1）≥5. 6%	-0. 024 5 [0. 005 8] (-4. 224***)
增长率（-1）	Regime Four FD（-1）≥0. 813 2 Inf（-1）≥5. 6%	0. 324 9 [0. 074 5] (4. 361***)
金融发展	Regime Four FD（-1）≥0. 813 2 Inf（-1）≥5. 6%	-0. 133 2 [0. 015 4] (-8. 649***)
政府规模	—	-0. 446 3 [0. 070 3] (-6. 349***)
投资率	—	0. 421 1 [0. 154 1] (2. 733***)

续表

变量	增长率	
	区制	估计
人力资本	—	1.047 6 [0.322 1] (3.252***)
劳动增长率	—	0.845 2 [0.227 3] (3.718***)

从表5-4的结果来看，因为门限值发生变化导致样本不一样，进而使得估计系数发生了较大的变化，但总的来看，估计系数符号还是与表5-3相吻合的。这说明本书的估计是稳健的。

5.4　政策含义

本章的政策含义至少包含以下几个方面：

首先，中央银行保持低通货膨胀状态对于经济增长的长期稳定有着非常重要的意义。从前面对于中国金融业的回顾中可以看到，我国的金融业在不断壮大、成熟，金融发展水平在以一种不可逆转的态势不断提高。在这样的背景下，保持低通货膨胀的经济状态就显得尤为重要。根据我们的实证研究，高金融发展水平实际上是一把双刃剑：一方面，当经济处于低通胀状态时，高金融发展水平对经济增长有着积极的促进作用；另一方面，当经济处于高通胀状态时，高金融发展水平对经济增长的消极乃至负面作用也很明显。因此，通货膨胀的值成为决定性的因素。

其次，我们的研究还发现，政府规模与经济增长存在负相关的关系。据此，我们认为政府应该有效控制其规模，更具体地，政府应该尽可能地控制自身在财政支出过程中对市场资源配置效率的影响。

最后，由于人力资本在经济增长因素中弹性很大，政府应该加大对基础教育的扶持力度，提高国民素质，提升国家的人力资本存量。

6 结论与建议

6.1 基本结论

本书通过理论研究和实证研究的方法对我国金融发展与经济增长的关系进行讨论，主要得出以下几方面的结论。

第一，通过对金融发展与经济增长相关文献进行总结发现，学术界普遍认为，在一定条件下，金融发展能够促进经济增长，但是，金融发展在什么条件下才能够促进经济发展，仍是一个充满争论的话题。学术界对金融结构安排也存在广泛的讨论，对于哪种金融安排更有利于经济发展还没有一致的结论。此外，学术界对金融发展衡量指标也存在争议，还没有得出统一的结论。

第二，通过对我国金融发展的量化分析，发现我国金融机构的数量和金融资产的规模都有了很大的发展，但是金融机构的效率还不高，企业的融资手段主要依靠直接融资，资本市场需要进一步扩张。此外，区域经济差异也表现在金融差异化上。

第三，通过对门限模型的阐述，我们发现门限回归模型的渐近理论可以在经典的 M-估计理论的框架内统一看待，并提出一套新的估计动态门限面板数据模型的方法。借鉴 TAR 模型的估计思路，本书提出一套新的估计方法。为了证明这一点，我们设计了一个计算机模拟试验。试验的结果表明，我们提出的估计量的表现与预期是相符的。

第四，使用双变量动态门限模型对中国的金融发展与经济增长的关系进行实证研究，发现金融发展水平和通货膨胀水平影响金融发展对经济增长的作用。如果金融发展水平和通货膨胀都比较低，则金融发展对经济增长的贡献为微弱的正向关系；当金融发展水平较高、通货膨胀水平较低时，金融发展水平的提高显著地提高了经济的增长水平；当金融发展水平较低、通货膨胀水平较高时，金融发展对经济增长起抑制作用；当金融发展水平和通货膨胀水平都较高时，金融发展将严重抑制经济的增长。

6.2 政策建议

根据本书的研究，金融发展水平和通货膨胀水平是影响金融发展对经济增长作用的主要因素，在此基础上，我们提出以下建议：

1）进一步促进资本市场的发展

本书的研究发现，我国直接融资尚不够发达，企业主要的融资手段仍是直接融资，这在一定程度上加大了企业的融资成本和债务。因此，要大力发展我国的资本市场，使市场能够充分发挥对资源配置的决定性作用。要进一步完善资本市场的法制建设，提高监管效率，加大资本市场的对外开放力度，扩大与国际资本市场的竞争、合作。

2）进一步促进金融发展

本书的研究发现，金融发展处在较高水平时，更有利于促进经济发展。首先，要完善我国金融企业制度，优化金融企业内部的治理结构。加快商业银行运作机制、管理模式改革，以及产权制度改革，完善企业法人制度和企业绩效管理制度。其次，要提高银行部门的效率。长期以来，国有商业银行处于垄断地位，缺乏竞争、效率不高，可引进金融机构多元竞争机制，提高银行业的运营效率。

3）合理控制通货膨胀水平

保持低通货膨胀状态对于经济的长期稳定增长有着非常重要的意义。高金融发展水平实际上是一把双刃剑：一方面，当经济处于低通胀状态时，高金融发展水平对经济增长有着积极的促进作用；另一方面，当经济处于高通胀状态时，高金融发展水平对经济增长的消极乃至负面作用也很明显。由此，通货膨胀的值成为决定性的因素。

参考文献

一、中文文献

［1］白钦先．金融结构、金融功能演进与金融发展理论的研究历程［J］．经济评论，2005，(3)：39-45.

［2］陈怡．我国股票市场与经济增长关系的实证研究［J］．经济经纬，2009，(4)：28-30.

［3］陈邦强，傅蕴英，张宗益．金融市场化进程中的金融结构、政府行为、金融开放与经济增长间的影响研究：基于中国经验（1978—2005年）的实证［J］．金融研究，2007，(10)：1-14.

［4］杜云福．区域金融发展与区域经济增长：基于门限模型的实证分析［J］．金融理论与实践，2008，(10)：33-35.

［5］董文华．从GDP到GNH：衡量社会经济发展的新指标［J］．天水师范学院学报，2009，29（2）：136-138.

［6］杜佳毅，陈信康．金融发展与区域经济增长的收入门槛效应研究［J］．北京工商大学学报（社会科学版），2021，36（3）：112-126.

［7］樊纲．中国市场化指数［M］．北京：经济科学出版社，2010：76-85.

［8］郭杰，黄保东．储蓄、公司治理、金融结构与对外直接投资：基于跨国比较的实证研究［J］．金融研究，2010（2）：76-90.

［9］黄志淋，董志勇．我国金融发展与经济增长的非线性关系研究：来自动态面板数据门限模型的经验证据［J］．金融研究，2013（7）：74-86.

［10］黄旭平，杨新松．市场竞争导致的银行集中与效率：基于亚洲国家的面板数据分析［J］．经济评论，2005（5）：107-111.

［11］周立，胡鞍钢．中国金融发展的地区差距状况分析（1978—1999）［J］．清华大学学报（哲学社会科学版），2002（2）：60-74.

［12］胡章宏. 金融可持续发展论［M］. 北京：中国金融出版社，1999：75-94.

［13］江春，苏志伟. 金融发展如何促进经济增长：一个文献综述［J］. 金融研究，2013（9）：110-122.

［14］贾俊生，伦晓波，林树. 金融发展、微观企业创新产出与经济增长：基于上市公司专利视角的实证分析［J］. 金融研究，2017（1）：99-113.

［15］梁莉. 我国贸易开放度与金融发展关系实证研究［J］. 金融研究，2005（7）：143-149.

［16］李村璞，赵守国，何静. 我国的政府规模与经济增长：1979—2008：基于非线性 STR 模型的实证分析［J］. 经济科学，2010（4）：15-26.

［17］李健，范祚军，谢巧燕. 差异性金融结构“互嵌”式“耦合”效应：基于泛北部湾区域金融合作的实证［J］. 经济研究，2012，47（12）：69-82.

［18］林毅夫，李永军. 中小金融机构发展与中小企业融资［J］. 经济研究，2001（1）：10-18，53-93.

［19］林毅夫，章奇，刘明兴. 金融结构与经济增长：以制造业为例［J］. 世界经济，2003（1）：3-21，80.

［20］林毅夫，孙希芳. 信息、非正规金融与中小企业融资［J］. 经济研究，2005（7）：35-44.

［21］林毅夫，姜烨. 经济结构、银行业结构与经济发展：基于分省面板数据的实证分析［J］. 金融研究，2006（1）：7-22.

［22］林毅夫，孙希芳. 银行业结构与经济增长［J］. 经济研究，2008，43（9）：31-45.

［23］林毅夫，孙希芳，姜烨. 经济发展中的最优金融结构理论初探［J］. 经济研究，2009，44（8）：4-17.

［24］马君潞，郭牧炫，李泽广. 银行竞争、代理成本与借款期限结构：来自中国上市公司的经验证据［J］. 金融研究，2013（4）：71-84.

［25］彭建刚，李关政. 我国金融发展与二元经济结构内在关系实证分析［J］. 金融研究，2006（4）：90-100.

［26］孔东民. 通货膨胀阻碍了金融发展与经济增长吗？——基于一个门槛回归模型的新检验［J］. 数量经济技术经济研究，2007（10）：56-66.

［27］齐俊妍，王永进，施炳展，等. 金融发展与出口技术复杂度［J］.

世界经济，2011，34（7）：91-118.

［28］邵平，秦龙，孔爱国．商业银行催化产业发展机理［J］．复旦学报（社会科学版），2008（1）：32-39.

［29］苏李，臧日宏，闫逢柱．中国金融服务业与经济增长的 Granger 分析：基于地理集聚视角［J］．东北大学学报（社会科学版），2010，12（1）：23-28.

［30］孙力军．金融发展、FDI 与经济增长［J］．数量经济技术经济研究，2008（1）：3-14.

［31］邵汉华，LIU Yaobin．金融结构与经济增长的非线性门槛效应：基于最优金融结构的视角［J］．审计与经济研究，2018，33（3）：119-127.

［32］唐松，赖晓冰，黄锐．金融科技创新如何影响全要素生产率：促进还是抑制？——理论分析框架与区域实践［J］．中国软科学，2019（7）：134-144.

［33］王志强，孙刚．中国金融发展规模、结构、效率与经济增长关系的经验分析［J］．管理世界，2003（7）：13-20.

［34］汪德华，张再金，白重恩．政府规模、法治水平与服务业发展［J］．经济研究，2007（6）：51-64，118.

［35］王陆雅，齐天翔，李鲲鹏．地理环境差异、现代化进程与经济收敛［J］．经济科学，2013（2）：45-55.

［36］王宇鹏，赵庆明．金融发展与宏观经济波动：来自世界 214 个国家的经验证据［J］．国际金融研究，2015（2）：3-13.

［37］王艳芳．金融发展对经济增长内生传导渠道影响的检验［J］．统计与决策，2019，35（16）：168-171.

［38］王爱萍，胡海峰，张昭．金融膨胀对经济增长的抑制效应及缓释机制检验［J］．金融论坛，2021，26（10）：21-30.

［39］王平，武芳芳．金融发展对产业结构升级的影响研究：基于区域创新中介效应的实证分析［J］．中国物价，2022（8）：88-91.

［40］许文彬．制度的信息意义考察：理论与模型［J］．经济研究，2010，45（2）：97-108.

［41］解维敏，方红星．金融发展、融资约束与企业研发投入［J］．金融研究，2011（5）：171-183.

［42］徐璋勇．金融发展质量及其评价指标体系构建研究［J］．武汉科技大学学报（社会科学版），2018，20（5）：545-551.

［43］杨俊，刘珺．中国金融发展与经济增长门限效应的实证研究［J］．重庆大学学报（社会科学版），2008（4）：14-19.

［44］杨子荣，张梓润．金融发展指数构建与测度：基于34个经济体的比较［J］．经济纵横，2021（12）：90-100.

［45］袁云峰，曹旭华．金融发展与经济增长效率的关系实证研究［J］．统计研究，2007（5）：60-66.

［46］于文超，何勤英．投资者保护、政治联系与资本配置效率［J］．金融研究，2013（5）：152-166.

［47］易纲．中国金融资产结构分析及政策含义［J］．经济研究，1996（12）：26-33.

［48］易信，刘凤良．金融发展、技术创新与产业结构转型：多部门内生增长理论分析框架［J］．管理世界，2015（10）：24-39，90.

［49］易信，刘凤良．金融发展与产业结构转型：理论及基于跨国面板数据的实证研究［J］．数量经济技术经济研究，2018，35（6）：21-39.

［50］张成思，朱越腾，芦哲．对外开放对金融发展的抑制效应之谜［J］．金融研究，2013（6）：16-30.

［51］郑长德．当代西方区域金融研究的演进及其对我国区域金融研究的启示［J］．西南民族大学学报（人文社科版），2005（11）：157-166.

［52］赵静敏，谭弘恩．基于主成分分析的我国金融发展综合指标构建［J］．中国农业会计，2010（8）：9-11.

［53］赵振全，于震，杨东亮．金融发展与经济增长的非线性关联研究：基于门限模型的实证检验［J］．数量经济技术经济研究，2007（7）：54-62.

［54］张旭，潘群．金融发展指标体系及其在实证分析中的应用［J］．山西财经大学学报，2002（1）：66-69.

［55］张天顶，李洁．通货膨胀的门限效应与金融-经济增长关系：基于中国数据的经验研究［J］．投资研究，2011，30（7）：44-54.

［56］张成思，李雪君．基于全球视角的中国金融发展指数研究［J］．金融研究，2012（6）：54-67.

［57］张成思，刘贯春．经济增长进程中金融结构的边际效应演化分析

[J]. 经济研究，2015，50（12）：84-99.

[58] 周黎安，陶婧. 政府规模、市场化与地区腐败问题研究 [J]. 经济研究，2009，44（1）：57-69.

[59] 朱洁西，李俊江. 中国金融发展、OFDI 逆向技术溢出与产业结构升级 [J]. 河南大学学报（社会科学版），2022，62（5）：27-36，152-153.

二、外文文献

[1] ALLEN F，SANTOMERO A M. The theory of financial intermediation [J]. Journal of banking & finance，1997，21（11-12）：1461-1485.

[2] ALLEN F，GALE D. Diversity of opinion and financing of new technologies [J]. Journal of financial intermediation，1999，8（1-2）：68-89.

[3] AL-TAMMAM M G. Causality between financial development and economic growth：The cases of Kuwait，Oman，and Saudi Arabia [M]. Colorado State University，2005.

[4] ANG J B，MCKIBBIN W J. Financial liberalization，financial sector development and growth：Evidence from Malaysia [J]. Journal of development economics，2007，84（1）：215-233.

[5] ARESTIS P，DEMETRIADES P O，LUINTEL K B. Financial development and economic growth：the role of stock markets [J]. Journal of money，credit and banking，2001：16-41.

[6] ACEMOGLU D，ZILIBOTTI F. Was Prometheus unbound by chance? Risk，diversification，and growth [J]. Journal of political economy，1997，105（4）：709-751.

[7] ANDERSON T W，HSIAO C. Estimation of dynamic models with error components [J]. Journal of the American statistical association，1981，76（375）：598-606.

[8] ANDREWS D W K. Empirical process methods in econometrics [J]. Handbook of econometrics，1994，4：2247-2294.

[9] ARELLANO M，BOND S. Some tests of specification for panel data：Monte Carlo evidence and an application to employment equations [J]. The review of economic studies，1991，58（2）：277-297.

［10］ BERTHELEMY J C, VAROUDAKIS A. Economic growth, convergence clubs, and the role of financial development ［J］. Oxford economic papers, 1996, 48 (2): 300-328.

［11］ BLUNDELL R, BOND S. Initial conditions and moment restrictions in dynamic panel data models ［J］. Journal of econometrics, 1998, 87 (1): 115-143.

［12］ BAI J, NG S. A panic attack on unit roots and cointegration ［J］. Econometrica, 2004, 72 (4): 1127-1177.

［13］ BECK T, LUNDBERG M, MAJNONI G. Financial intermediary development and growth volatility: do intermediaries dampen or magnify shocks? ［J］. Journal of international money and finance, 2006, 25 (7): 1146-1167.

［14］ BOOT A W A, THAKOR A V. Banking scope and financial innovation ［J］. The review of financial studies, 1997, 10 (4): 1099-1131.

［15］ BOOT A W A, THAKOR A V. Self-interested bank regulation ［J］. The American economic review, 1993: 206-212.

［16］ BOOT A W A, THAKOR A V. Can relationship banking survive competition? ［J］. The journal of finance, 2000, 55 (2): 679-713.

［17］ BECK T, DEMIRGÜÇ-KUNT A, LEVINE R. Law, endowments, and finance ［J］. Journal of financial economics, 2003, 70 (2): 137-181.

［18］ BOYD J H, SMITH B D. The evolution of debt and equity markets in economic development ［J］. Economic theory, 1998, 12 (3): 519-560.

［19］ BECK T, LEVINE R, LOAYZA N. Finance and the sources of growth ［J］. Journal of financial economics, 2000, 58 (1-2): 261-300.

［20］ CHEN H, CHONG T T L, BAI J. Theory and applications of TAR model with two threshold variables ［J］. Econometric reviews, 2012, 31 (2): 142-170.

［21］ CANER M, HANSEN B E. Threshold autoregression with a unit root ［J］. Econometrica, 2001, 69 (6): 1555-1596.

［22］ CANER M, HANSEN B E. Instrumental variable estimation of a threshold model ［J］. Econometric Theory, 2004, 20 (5): 813-843.

［23］ CHAN K S. Consistency and limiting distribution of the least squares estimator of a threshold autoregressive model ［J］. The annals of statistics, 1993:

520-533.

[24] CHAN K S, TSAY R S. Limiting properties of the least squares estimator of a continuous threshold autoregressive model [J]. Biometrika, 1998, 85 (2): 413-426.

[25] CHINN M D, ITO H. What matters for financial development? Capital controls, institutions, and interactions [J]. Journal of development economics, 2006, 81 (1): 163-192.

[26] CHRISTOPOULOS D K, TSIONAS E G. Financial development and economic growth: evidence from panel unit root and cointegration tests [J]. Journal of development economics, 2004, 73 (1): 55-74.

[27] DIAMOND D W, DYBVIG P H. Bank runs, deposit insurance, and liquidity [J]. Journal of political economy, 1983, 91 (3): 401-419.

[28] DEIDDA L G. Interaction between economic and financial development [J]. Journal of monetary economics, 2006, 53 (2): 233-248.

[29] DEIDDA L, FATTOUH B. Non-linearity between finance and growth [J]. Economics letters, 2002, 74 (3): 339-345.

[30] GREENWOOD J, JOVANOVIC B. Financial development, growth, and the distribution of income [J]. Journal of political economy, 1990, 98 (5, Part 1): 1076-1107.

[31] GOLDSMITH R. Financial structure and development [M]. New Haven, CT: Yale University, 1969.

[32] HELLWIG M. Banking, financial intermediation and corporate finance [J]. European financial integration, 1991, 35-63.

[33] HELLWIG M. Banks, Markets, and the Allocation of Risks in an Economy [J]. Journal of Institutional and Theoretical Economics (JITE) /Zeitschrift für die gesamte Staatswissenschaft, 1998: 328-345.

[34] HOLMSTRÖM B, TIROLE J. Market liquidity and performance monitoring [J]. Journal of political economy, 1993, 101 (4): 678-709.

[35] HONOHAN P. Financial development, growth and poverty: how close are the links? [M]//Financial development and economic growth. Palgrave Macmillan, London, 2004: 1-37.

[36] HARRIS R D F. Stock markets and development: a re-assessment [J]. European economic review, 1997, 41 (1): 139-146.

[37] HANSEN B E. Sample splitting and threshold estimation [J]. Econometrica, 2000, 68 (3): 575-603.

[38] HUANG H C, LIN S C. Non-linear finance-growth nexus: a threshold with instrumental variable approach 1 [J]. Economics of transition, 2009, 17 (3): 439-466.

[39] HUANG H C, LIN S C, KIM D H, et al. Inflation and the finance-growth nexus [J]. Economic modelling, 2010, 27 (1): 229-236.

[40] JU J, WEI S J. Domestic institutions and the bypass effect of financial globalization [J]. American economic journal: economic policy, 2010, 2 (4): 173-204.

[41] JUNG W S. Financial development and economic growth: international evidence [J]. Economic development and cultural change, 1986, 34 (2): 333-346.

[42] KING R G, LEVINE R. Finance, entrepreneurship and growth [J]. Journal of monetary economics, 1993, 32 (3): 513-542.

[43] KLEIN M W, OLIVEI G P. Capital account liberalization, financial depth, and economic growth [J]. Journal of international money and finance, 2008, 27 (6): 861-875.

[44] KIM J, POLLARD D. Cube root asymptotics [J]. The annals of statistics, 1990: 191-219.

[45] KING R G, LEVINE R. Finance and growth: Schumpeter might be right [J]. The quarterly journal of economics, 1993, 108 (3): 717-737.

[46] KOSOROK M R. Introduction to empirical processes and semiparametric inference [M]. New York: Springer, 2008.

[47] KOURTELLOS A, STENGOS T, TAN C M. THRET: Threshold regression with endogenous threshold variables [J]. Journal of econometrics, 2009.

[48] LEE C, WONG S Y. Inflationary threshold effects in the relationship between financial development and economic growth: evidence from Taiwan and Japan [J]. Journal of economic development, 2005, 30 (1): 49-56.

[49] LOAYZA N V, RANCIERE R. Financial development, financial fragility, and growth [J]. Journal of money, credit and banking, 2006: 1051-1076.

[50] LEVINE R. Financial development and economic growth: views and agenda [J]. Journal of economic literature, 1997, 35 (2): 688-726.

[51] LEVINE R, LOAYZA N, BECK T. Financial intermediation and growth: causality and causes [J]. Journal of monetary economics, 2000, 46 (1): 31-77.

[52] LUCAS JR R E. On the mechanics of economic development [J]. Journal of monetary economics, 1988, 22 (1): 3-42.

[53] LA PORTA R, LOPEZ-de-SILANES F, SHLEIFER A, et al. Legal determinants of external finance [J]. The journal of finance, 1997, 52 (3): 1131-1150.

[54] PORTA R L, LOPEZ-DE-SILANES F, SHLEIFER A, et al. Law and finance [J]. Journal of political economy, 1998, 106 (6): 1113-1155.

[55] LA PORTA R, LOPEZ-DE-SILANES F, SHLEIFER A, et al. The quality of government [J]. The journal of law, economics, and organization, 1999, 15 (1): 222-279.

[56] LA PORTA R, LOPEZ-DE-SILANES F, SHLEIFER A, et al. Investor protection and corporate governance [J]. Journal of financial economics, 2000, 58 (1-2): 3-27.

[57] LA PORTA R, LOPEZ-DE-SILANES F, SHLEIFER A, et al. Agency problems and dividend policies around the world [J]. The journal of finance, 2000, 55 (1): 1-33.

[58] MAURO P. Stock markets and growth: A brief caveat on precautionary savings [J]. Economics letters, 1995, 47 (1): 111-116.

[59] MORCK R, YEUNG B, YU W. The information content of stock markets: why do emerging markets have synchronous stock price movements? [J]. Journal of financial economics, 2000, 58 (1-2): 215-260.

[60] PAGANO M, JAPPELLI T. Information sharing in credit markets [J]. The journal of finance, 1993, 48 (5): 1693-1718.

[61] PATRICK H T. Financial development and economic growth in underdeveloped countries [J]. Economic development and cultural change, 1966,

14 (2): 174-189.

[62] PEROTTI E C, VON THADDEN E L. The political economy of corporate control and labor rents [J]. Journal of political economy, 2006, 114 (1): 145-175.

[63] PAGANO M. Financial markets and growth: an overview [J]. European economic review, 1993, 37 (2-3): 613-622.

[64] PETRUCCELLI J D, WOOLFORD S W. A threshold AR (1) model [J]. Journal of applied probability, 1984, 21 (2): 270-286.

[65] RAJAN R G. Insiders and outsiders: The choice between informed and arm's-length debt [J]. The journal of finance, 1992, 47 (4): 1367-1400.

[66] ROUSSEAU P L, WACHTEL P. Equity markets and growth: cross-country evidence on timing and outcomes, 1980-1995 [J]. Journal of banking & finance, 2000, 24 (12): 1933-1957.

[67] ROUSSEAU P L, WACHTEL P. Inflation thresholds and the finance-growth nexus [J]. Journal of international money and finance, 2002, 21 (6): 777-793.

[68] ROE M J, SIEGEL J I. Political instability: effects on financial development, roots in the severity of economic inequality [J]. Journal of comparative economics, 2011, 39 (3): 279-309.

[69] RIOJA F, VALEV N. Does one size fit all? A reexamination of the finance and growth relationship [J]. Journal of development economics, 2004, 74 (2): 429-447.

[70] STOCK J H, WRIGHT J H. GMM with weak identification [J]. Econometrica, 2000, 68 (5): 1055-1096.

[71] MERTON R C. A functional perspective of financial intermediation [J]. Financial management, 1995: 23-41.

[72] STIGLITZ J E. Credit markets and the control of capital [J]. Journal of money, credit and banking, 1985, 17 (2): 133-152.

[73] SVALERYD H, VLACHOS J. Financial markets, the pattern of industrial specialization and comparative advantage: evidence from OECD countries [J]. European economic review, 2005, 49 (1): 113-144.

[74] TSAY R S. Testing and modeling threshold autoregressive processes [J]. Journal of the American statistical association, 1989, 84 (405): 231-240.

[75] TSAY R S. Testing and modeling multivariate threshold models [J]. Journal of the American statistical association, 1998, 93 (443): 1188-1202.

[76] VAN DER VAART A W. Asymptotic statistics [M]. Landon: Cambridge University Press, 2000.

[77] VAART A W, WELLNER J A. Weak convergence and empirical processes with applications to statistics [J]. Journal of the royal statistical society-series a statistics in society, 1997, 160 (3): 596-608.

[78] WEINSTEIN D E, YAFEH Y. On the costs of a bank-centered financial system: evidence from the changing main bank relations in Japan [J]. The journal of finance, 1998, 53 (2): 635-672.

[79] XU Z. Financial development, investment, and economic growth [J]. Economic inquiry, 2000, 38 (2): 331-344.

后　记

本书是在笔者博士学位论文的基础上，润色、扩展而成的。这篇博士论文由对外经济贸易大学金融学院博士生导师齐天翔教授指导，在选题阶段，齐老师指明了研究的方向，在写作过程中，又给予了悉心教导。齐教授渊博的学识、尽职尽责的学风，使笔者受益匪浅。论文写作虽然不易，但收获颇多，也更加坚定了笔者继续在学术道路上前行的信心。

本书得以顺利出版，要感谢首都经济贸易大学统计学院领导、同事提供的帮助，也要感谢首都经济贸易大学的出版资助。与此同时，这也离不开家人和朋友们的包容与支持，特别是儿子李鼎文小朋友给我带来的无穷欢乐。

路漫漫其修远兮，吾将上下而求索。在科研的道路上，笔者虽然只是刚刚起步，但学无止境，只有不懈追求，才能取得更多的收获。

以此共勉。